KB275801

홍다우 헤수니님은 다꾸에 대한 팁을 잘 알려주시기에언제나오나 싶었는데 드디어 나오는군요. 다꾸책 출판 정말 진심으로 축하드립니다. 책을통하여 배울생각을하니 더욱 기분이 좋네요. 헤수니님의 다꾸팁을 소장하고있을 생각을하니 기분이좋네요 :D **친사작** 아주축하합니다 **간지뽱뽱** 축하합니다ㅎㅎ **키바라기** 축하해요~ **쭌이** 진심으로 축하드려요♥ **뚱이** 축하드려용^^* **하지니** 엄청엄청 축하드리고 앞으로도 열시미~^^ 정말 감사드리고 축하드려요^^ 서점으로 고고씽~♪해야겠네요:) 이제 제 다이어리도 어느정도 자세를 잡겠죠?ㅎㅎ **hEILo** 진심으로 책 출판하신거 축하드려요!^^ 꼭 살께요!:) **리마** 너무 축하드려여ㅎㅎ 사러가야겟네요!! **코모걸** 완전 축하드려요. ^^ **반 시하** 축하드려요~ 사야겟네요 :-) **도미노** 축하해여업!!! 사야겠어요!! 와우와우 **이얼** 헤수니님 드디어 책 출판하셨군요ㅎㅎ 꼭 사러 가야겠네여 ㅎㅎ **GREEN** 예쁜 다꾸방법들을 책한권으로^^ 이제 2011년이 시작되니.. 크리스마스나 설을 맞이해서 선물로 주면 딱!! 이겠네요^^ 빨리 사고싶다는~^^ **그리움** 2주후 서점으로 달려가야겠네요^^ 너무너무 축하드리고 다꾸책을 참고하여 내년엔 예쁜 다이어리꾸미고싶어요^^ **김비주얼** 축하드려요!>o< 앞으로도 헤수니님의 다꾸를 책으로영구보관가능할걸생각하니 두근두근..!! **와방욜** 와와 완전추카드려욧 *^^*멋지시네욥 앞으로두화이팅구!!! **DESIGNQUEEN** 헤수니님 언제 또 책까지 출간하시고, 다이어리 꾸미기 책이라!! 많은 분들이 보시고 예쁜 일상들을 기록하시고 꾸미셨으면 좋겠어요 축하드립니다 :) **June** 헤수니님이 수고하신 만큼 이쁜 책이 나오시겠죠? 축하드려요 **예슬이**마자요~ 꼭 사러가야 겠넹...ㅎㅎ **모니카** 헤수니님의 다꾸팁보며 책으로 출간되면 좋겠다. 생각했는데 정말 좋네요^^ 책 출간하신거 진심으로 축하드려요^^ **두부** 헤수니님 진심으로 축하드려요♥ 역시헤수니님~책까지 내시고 축하드려요♥ **리스** 와 축하드려요 ~ 정말 기대되네요~ **단발머리쫑아** 옴마야~ 책내셨군요 +_+ 그럴만한 능력자시니 당연한건지도? 아웅~~ 너무 부러워요.. 자신만의 책이라....♥ 정말 축하드리고 대박나길 바랄께요 ~~~!!! 헤수니님 화이팅♡ **포우** 이제는 책상옆에 나란히 펴두고도 다이어리 꾸미기 가능한건가요~~ㅋ 책 출판 정말 축하드려요!ㅋ **은저이** 헤수니님이드디어책을출판하셨네요♥ 요번에꼭한번구입해볼까합니다 정말기대되네요~ **오지랖녀** 정말 축하드려요~ **꿍디순디가장작은별** 축하해요!언젠가헤수니님이책을낼거같다고생각하구있었는데 2주후면볼수있게되다니꼭사야겠네요ㅎㅎ 정말 축하드립니다♥ **미라이** 축하드려요~ 꼭 사서 봐야겠어요 +_+ 기대하고~실망시키지 않으실거죠??ㅎㅎ **LSJ** 다꾸다이어리 출판하시는거 정말 추카해요~!! 꼭 사러가겟습니다!! 헤수니언니 홧팅~~!!^^ **은원** 기대할게요!ㅎㅎ **귀여미기광** 우왓~대단하신,,ㄷㄷㄷㄷ **실버블렛** 책 내신거 축하드려요 ~ 앞으로는 컴퓨터 않켜도 헤수니님의 비법을 볼수 있겠네요 ^^ **초코바나나** 앗! 꼭 사겠어욥ㅋㅋㅋㅋ **루레랑** 우왓-ㅎㅎ 역시 헤수니님이에요! 서점에 나온다면 꼭 사서 볼게요~ 앞으로 좋은 다꾸 방법 많이 올려주세요^^ **초애** 와우-축하드려요~ 꼭 사고싶네요!!+ㅁ+ 2주가 빨리 지나가기를..히히 **팥빙수** 오홋-!저 2주뒤 당장사러가야겠어여~~>< 축하드립니다-^^ **Yumemiru** 오오! 축하드립니다 >.< 항상 헤수니님블로그에서 다꾸에대한정보 잘보고있었는데 책으로 출판되다니 !!기대가되네요! **보람이네** 헤수니님책출판하신거축하드립니다^^* 헤수니님의 다이어리에 대해 많이배고우고싶었는데 책을통해서 헤수니님의다이어리를배우게되어서더가까워진거같네용~ㅎㅎ정말축하드립니다:) **소ya**일단책내신거축하드려요!!ㅎ그동안다꾸인들이책을내신걸보고헤수니님은언제내실까..? 라는생각을했는데이렇게마침내시군요!ㅎ정말축하드려요~^_^ 헤수니님의블로그를통해서많은정보와유용한팁들을알게되서너무좋았어요!앞으로도좋은정보들많이알려주세요~ㅎㅎ항상건강조심하시구행복하시길~^^♥ **엄마는빠나나** 축하드려요^_^ 헤수니님은 다꾸책 안나오나 궁금했는데 드디어 볼 수 있게됐네요! 꼭 사서 다이어리 옆에다 같이 펴놓고 열심히 다꾸 해봐야 겠어요! 헤수니님 화이팅^_^! (2주, 너무 길어요ㅜ.ㅜ) **누리** 헤수님책출판하신거정말축하드려요^^ 꼭사서봐야겠어요^^화이팅!!!~~ **아이유** 우왕!완전완전 축하드려요!!!!!!!★ 사고싶어요!! 쫄라봐야갰어요!! 완전사고싶어라!!요즘한참푹빠져있어서말이죠ㅎㅎ **애꽁이** 우와~~책 내신거 축하드려요~~꼭 읽어봐야 겠네여..ㅎㅎ 다시 한 번 책 출판하시건 축하드려요~~♥ **YHEE** 축하 드립니다!! 드디어 책으로 볼 수 있게된 헤수니님 그림들♥ 한번보면 빠져나올 수 없는 헤수니님 만의 캐릭터를 만나러 가겠어요!! **썬이** 축하드립니다ㅎㅎ 꼭 살께용^^ㅎ **블링블링** 이제야 나오셨군요!! **BINTOYA** 축하드려요 헤수니님~!! **히히** 와우와우 *^^*진심으로 축하드려여 ㅎㅎㅎㅎ 요즘 시험기간인데도 불구하고 다이어리꾸미기에 미쳐있는데 ㅎㅎㅎ 하루빨리 돈모아서 꼭읽어봐야게써여ㅎㅎㅎㅎ **별 리엘** 축하드려요~:) 헤수니님의 노력의 결실이 그 책에서 나올것 같네요! 귀여운 캐릭터가 들어간다고 생각하니 기분이 좋아요ㅎㅎ 언젠가 나오게 되면 한번쯤 사서 제2의 헤수니님이 나오도록 할게요!^^ **티스** 다른 분들 다 하는데 충분히 실력있는 헤수니님이 왜 안쓰시나 했더니 이제야 나오네요^^ 이젠 어디서나 헤수니님의 다꾸팁등을 볼수있겠어요:-) **폴엡** 헤수니님 포스팅 보면서 처음 다이어리쓰는 걸 시작했는데 벌써 햇수로 2년째네요! 헤수니님 글 항상 재밌게 읽었는데 이젠 많은 분들이 즐기실 수 있겠어요!! 축하해요! **베리향** 다꾸카페에서 나왔던 다꾸책, 하도 많이 봐서 질릴 시기! 헤수니님의 다꾸책이 나오네요^^ 산뜻하고 유용한 다꾸책! 기대되네요 헤수니캐릭터의 친절한 설명도 당연히 있겠죠? 축하드려요~!♡ **Pristina** 이야아 헤수니님 너무 축하드려요!! 드디어 꿈에 한발짝 더 다가가셨네요 :) 열심히 응원할게요! 히히 저도 기회가 되면 꼬옥 구매할게요♥ **시 유** 축하드려요 >_< 안그래두책살려그랬는데헤수님책나오면사야겟네요 ^0^ 책나오신거다시한번축하드려요 :-) **레인보우** 드디어 나오는군요~ 헤수니님의 다꾸책! 그 동안 이런 책이 없어서 얼마나 고생했는지요..ㅜㅜ 하핫! 헤수니님 축하드리구요, 다꾸책 꼭 사가겠습니다! **하다양** 언제나 귀여운 그림으로 저에게 행복을 주셨던 헤수니님! 축하드려요~^^ **피노키오** 드디어 출판하셧군요^^ 2주뒤에만날껄 생각하니 설레는군요~ㅎㅎ 축하드립니다!!!꼭 사서볼께요! **한 소은** 축하드려요>_< 기대했던 책이라 너무너무 보고싶네요~ 2주를 어떻게 기다려야 하는지 헤수니님의 다꾸팁이 가득 담아져있는 책을 얼른 보고 싶네요 **요부리** 드디어 출판하셨네요~ 넘넘 축하드려요^^ 유용한 정보가 많이 들어있을것같아요~:D **하이루** 축하합니다! 이젠 블로그가 없어도 좋은 정보를 얻을수있겠어요~ㅋ 꼭 살께요!^^두근두근~ **유미** 축하드려요~ 헤수니님은 다꾸를 잘하시니깐 도움이 정말 많이 될 것 같아요^^ **분홍돼지** 올 크리스마스에는 드디어 헤수니님과 책으로도 만날 수 있는건가요~?^^ 완전완전 축하드리고 앞으로

더 유명한 캐릭터디자이너 되세요~ㅎㅎ! 유 애 드디어 혜수니님 책 나오네요 !!! 언제나올까 디게 기대했었는데ㅎㅎ 얼른 보고싶어요^_^혜수니님 축하드려요♪ 호야 첫출판 축하드려요 *٩*٩* 기대되네요~!!»„ ㅋㅋㅋ 크리스마스에 만날수있어서 더욱더 기다려지는 ㅎㅎ 미키 혜수니님은 다꾸에 천재적인 지능을 갖고 있으니까 성공할거에요 축하드립니다. 까꿍 드디어 다꾸책이나 났군요!! 저 꼭 사야겠어요ㅎㅎ 정말 많은도움될것같네요.혜수님이ㅎㅎ 미니비쥬 까 >ㅁ< 혜수니님 드뎌 출시되었군요♡너무너무 축하드립니다♡어쩜 이렇게 좋은 인연 맺어준 7321이 너무 좋은거 있죠 >/< 앞으로도 더더 발전하시길 바래요♡희두 막상 다이어리를 쓰려니 많이 막막했는데, 정말 도움이 되는 책이겠네요~ 꼭 사야겠어요♬ 혜수니님 대단하세요 굿! 이집트왕 이제부터 다이어리 꾸미기에 열중해보려고 마음먹고 있었는데~혜수니님의 다이어리꾸미기책이 출간된다나~!! 정말 축하해요~! 야마꼬 혜수니님의 다이어리 잘꾸미는 비결을 알고싶었어요! 이번에 출간된다니 꼭 사서 봐야겠어요ㅎㅎ 오연 축하드려요~٩* 저 혜수니님의다꾸책을 무조건 사서 꼭 다이어리 이쁘게 꾸밀게요~ 혜수니님 화이팅♥ 보리 혜수니님 책 출간 축하드려요^^ 저도 다이어리 샀는데 막상 어떻게 꾸며야 할지 몰랐는데 이런책도 나오고 좋네요!! 꼭 한번 구입해야겠네요 !٩* 이 나현 우아!! 진심으로축하드려요 + + 아악 ㅠㅠㅠㅠ 출간되는데 사서 보고싶네요 ㅠㅠㅠ..!! 으앙 돈을모아야겠어요♥ 딸기우유 축하드려요! 하쿤잉 항상부럽고 존경스러운 혜수니님!ㅋㅋㅋㅋㅋ 다꾸책 출판축하드려요~ㅋㅋㅋㅋㅋ 얼른 사고싶어요ㅋㅋ 다요리 책출판 축하드려요~٩* 혜수니님 다이어리 잘 꾸미는 비법을 알고싶었는데... 2주후에 서점으로 뛰어가야겠어요!! 메롱이다 책 출간 축하드려요!빨리 서점에서 사고싶어요~ 꼬맹이 혜수니님의 첫 다꾸책!! 출판한거 너무 축하드리고 앞으로도 좋은 다꾸팁 많이 알려주세요~♡ 밍제이 더욱더색다른 다꾸책을 만나볼수있겠네요:)화이팅~ 토끼공주 정말 축하드려요! 꼭 사서 볼게요~ 다꾸팁 많이 알려주세요! 요플레 축하해요♥혜수니님 이제 블로그말고 그 책보면서 혜수니님 다꾸 볼수있어서 기뻐요 유 재회 혜수니님 일러스트를 책으로도 만나볼수있는 거에요?! 까♥ 정말 귀여울것 같아요 ㅠㅠ 꼭 사봐야할 책일듯 ㅠㅠㅠㅠㅠㅠㅠ 떡볶기 빨리사고싶어요~ ~! 신서 우와!작가로데뷔하시는거 에요??? 너무너무축하드려요~많이팔리길바래요>< ㅎㅎ혜수니님은실력도좋으시니깐 당연히 인기만점이겠죠?? 다시한번츄카츄카~ 츠애루 진심으로 축하드려요 언니٩* 언니의 솜씨가 드뎌 밝혀지는 군(응)요! ㅎㅎ많이 기대하겠습니다 책 꼭 사 볼게요. Soo Jeong 으앙!!축 축하드려요!٩* 혜수니님의 글을 보게 된건 며칠 안됐지만....ㅋ 꼭 사서 읽고 싶어요!٩꼭 살게요~ 지봉 언니 기대많이할께요~서점에서 나오면 바로 사겠습니다~진심으로 축하드리구요ㅎㅎ 이런거 많이 기다렸었는데 드디.에!~ Hyuna 와 잘됐어요!! 매혹 진심으로 축하드려요! 혜수니님의 실력이 많이 알려지겠네요٩* 책나오면 제가 바로사도록 할게요 ㅎㅎ 얼른얼른 사서 빨리읽고싶어지네요 아무튼 정말 축하드려요!! 예지뽕 와~정말 대단해✌!! 축하드립니다٩* 수리뿡 정말 축하드려요. 제가 혜수니님을 정말 좋아하는데 출판하면 얼른가서 사야되겠어요. 히요코 축하드려요٩* YeChan 혜수니 언니의 다꾸책 출판을 정말정말 축하드려요~ 혜수니 언니의 실력을 알리는 정말 좋은 기회같네요...٩* 그리고 다꾸를 하시는 분들 중에서 가장 정말로 존경스러워요٩* 앞으로도 혜수니 언니의 실력을 마구마구 전부 다~보여주세요~ㅇㅅㅇ 김 빙구 혜수니님처럼 제게 다꾸로써 존경스러웠던 분은 없었던것 같아요:-D 항상 많은 팁들과 정보들을 개성넘치게 알려주셔서 더욱 뜻깊었던 만남이였던것 같아요:-D 혜수니님 다꾸책, 흥하세요~ 순딩 축하드려요 ٩^٥^ 제가 다 기쁘네요ㅎㅎ 항상 혜수니님 블로그에서 다이어리꾸미는 방법 배우고그러는데,ㅋ 이제 책으로 나오니깐 책하나보고 이쁜 다이어리 만들수있게되서 좋아요♥ 서점에 가서 꼭 사도록할게요٩* 서점을 다뒤져서라도 사고말겠어요!!!~ㅡ♡ 뽕 혜수니 님 축하드려요!!!! 드뎌 혜수니님의다꾸책이나온다니... 얼른가서 사야 겠네요!!! 아리 ♥정말정말축하드려요♥ 출판되면 꼭 살께요> _< 애기님 혜수니언니 다꾸책 출판하신거 정말 축하드려요~٩* 언니의 책을 참고해서 저도 혜수니 언니처럼 멋진 디자이너가 될거에요٩*!!♡ 소 녀 혜수니님다꾸책이나온다니,정말축하드려요:-) 원래 다꾸책이나 이런거 한번도 사본적이없는데,혜수니님다꾸책이출판되면 망설이지않고 사려구요! ,다시한번축하드려요! 잉아옹 혜수니님 축하드려요 매일 혜수니님 홈피에 와서 새로운 포스팅 확인했는데 이제 책으로 간단히 보면 좋겠어요٩* 정말 축하드립니당!! 헤수니님 축하드려요 매일 혜수니님 홈피에 와서 새로운 포스팅 확인했는데 이제 책으로 간단히 보면 좋겠어요٩* 정말 축하드립니당!! 핑크쭈꾸미 오오오! 처음에 다이어리 나온다는줄알고 깜짝놀랐어요 ㅠㅠ 다이어리 벌써 샀는데.. 다꾸책 출판되는거 축하드려요던다 많은 기록을 세우세(응?) 유네스코(!?!?!)도 도전해보세요! 장난이에요. ㅋㅋㅋㅋ죄송합니당ㅋㅋㅋ KUMA 까아!! 추카드려요!! ♥♥ 나오면 내가1빠로 사야지 ㅠㅠㅠㅠ ㅠㅠㅠㅠㅠ 텔레토비 축하해요♥이런책꼭만나고싶었어요 감사합니다★캬 하이염오즘 시험때문에많이못들어왔지만٩* 혜수니님의 다꾸책이나온다니!! 축하드리고 혜수니님의 다꾸실력이 알려졌으면 좋겠어요 오렌지맛머핀 오옷!언제 나오나 하고 기다렷는데 드디얼!!! 서점 열리는 즉시 달려가서 사겠습니다✕ 또 주머니를 털어야겟군요!!축하해요 혜수니님!!!! 잇꼿 혜수니님 정말축하드립니다! 정말좋으시겠어요! 저가지좋네요>< ㄱㅡ 또 주머니를 털어야겠군요!! 축하해요 혜수니님!!!! 축하합니다.축하합니다.٩*2주뒤 바로 서점으로 가서 사겠어요♥ 레이첼 혜수니님 축하드려요٩* 제목에 혜수니님께서 책을 내신다 해서 얼른 축하글 올리고 있어요ㅋ 제가 평소에는 공감만 하지만 다꾸인으로서 혜수니님 정말 존경한답니다~ 혜수니님 저도 살게요٩* 칙촉 혜수니님의 다이어리꾸미기책! 완전 유용할거에요~ 한번 사면 후회하지않을아이템! 지워니 정말 축하드려요! 꼭 살게요~ㅎㅎ 혜수니 님의 다꾸 비법을 보면서 저도 다꾸를 이어나가겠습니다!♡ 별사탕 정말 축하드려요>_< 다꾸해놓으신걸로 많은 효과봤는데, 꼭 한번 사봐야 겠네요٩^٥^ 다시한번 축하드려요~ 엔양 혜수니님이 다꾸 책을 발간하신다니!!정말 축하드려요~ㅎㅎ 혜수니님은 제가 본 사람들 중에서 다이어리를 가장 잘꾸미시는 분인데 그런 분이 다꾸책을 내신다니!! 정말 흥하겠어요~ 정말 축하드리고 저도 가능하다면 꼭 살겁니다! 단옐 축하해요 혜수니님:) 매일매일 블로그 들어오는데 이런기쁜소식이 있네요:-D 저도 혜수니언니 손글씨 비법을 학교에서 하니까 애들한테 인기가 많아요:-) 책 출판 축하드려요 제 저금통을 털어서라고 꼭 살게요:-) 연아 진짜진짜 추카드려요:)그럼 이젠 혜수니님도 정말 유명한 팬시일러스트이신건가요?! 헤헤 올루이지 축하드려요♥♥ 혜수니님이 직접쓰신 책이라나+o+ 꼭 득템하고 말테다!!! YU JINS ▸ 혜수니님덕에 다이어리꾸미는맛을 알게되었어요->< 정말유익한정보도다꾸 수많은팁들까지 출판너무너무 축하드리구요! 책내셔두 블로그에 많은정보주실꺼죠? 헤헷 뉴퐁 우왓~ 위대하신 혜수니님이 출판을 하셨다니!!!! 꼬옥~ 사서 봐야겠어요 히힛!카니 축하드려요~ 이제 다꾸 비법을 책으로도 소지 할 수 있게 됐네요!! 올레! 해피바이러스 축하드려요~ 블로그로만 보다가 이젠 책으로도 소지 할수 있게되어서 너무 좋아요~>< 완판되길 바랄게요~` 밍글맹글 혜수니님 축하드려요>_< 진짜저의 지름신이 막올려고 해요 ㅋㅋ 혜수니님 홧팅~ 혜수니님의 다꾸책 기대대엄♥혜수니님 사랑해요!♡ 플라시보 혜수니님의 책을 읽으시는 모든분들은 1년을 알찬다이어리와 함께하실수있는 행운을가지시게 되실것같네요~^^혜수니님께 늘 많은 도움받고있답

니다. 책출판 진심으로 축하드립니다! 사과나무 정말정말 축하드려요 :D 출판되면 책은 꼭 살게요! ㅎㅎ 얼마나 귀여운 책일까요~ 보바 우와 ㅎㅎ 헤수니님 다꾸책 출판을 축하드려요~ ㅎㅎ 저도 용돈 조금씩 조금씩 모아서 꼭 사야겠어요~ 정말정말 축하드립니당^^ 멋진꿈 다꾸출판날이 헤수니님의 또다른 인생 반환점이 되었으면 좋겠네요 ^^ 최송이 우와 정말 축하드려요♡ 컴퓨터가 없어도 다꾸의 비법은 제방에서도 만날수 있겠죠?? 흐릿흐릿 >_< 되게 유용할거에요!! 오리지널 헤수니님이 책출판을 하게 되신것을 축하드립니다!! 정말 유용할것 같아요~ 쫌팽이 우와축하드료요~♡ 꼭 사보도록 할께여× 다시한번 진심으로 축하축하//× 베어 ♥헤수니님! 다꾸책 대박나세요♥아영 자주 다이어리보러 헤수니블로그에오는데!! 이번에 책내셨다고하셔서 사고 집에서자주자주봐야겠어요!! ♥책 출판된거 축하드려요♥ 바토끼 헤수니님 책이 나오다니! 정말 축하드리고~ 풍부한 다꾸 잘 구경할께요~ㅎ 김 하민 축하드려요♥ 기대하고 있어요 출판되면 하나살께요:) 마르또미 와우!헤수니 님 추카드려요!!ㅎㅎ이제 책으로 나온다니...!!ㅎㅎㅎ빨리 사야징~ White Story 꼭!! 이 책을 사고 말겠다는 투지에 휩싸였습니다^^ 축하드려요!! Mu 드디어 헤수니님의 다꾸책을 볼 수 있는건가요? ㅎㅎ 축하드려요! 출판되면 꼭 살거에요~>_<사서 옆에 두면서 다이어리 꾸며야겠어요! ^^ 다여냐 헤수니님축하드리구요!꼭다연이가응원하구책꼭살게요! 사랑해요(?)뭐랰ㅋㅋ 우울증 우와~부럽네요 축하드려요~ 이 책이 많은 사람들에게 알려졌으면 좋겠네요 디자이너 갱 어머! 그럼 저 꼭 봐야되겠어요!! 축하드려요~ 가진 헤수니님 블로그보면서 항상 문제집처럼 하나로 정리되있으면 다이어리 쓸때마다 보면서 할텐데! 라고 생각했었는데 이렇게 책으로 만난다니!!! 축하드리고 꼭! 사서 볼께요 ㅎ,ㅎ! 지뉴 축하드려요^^ 꼭 살께요!! 꼰님 우왓ㅅ 출판되면 꼭 사야겠어요ㅎㅎㅎㅎ 축하드려요!!*♡.♥* 양갱이 세상 모든 다이어리를 점령한 헤수니님~♡ 이번에 다꾸책 출판하게 된거 축하드려요^^ 나중에 서점에 가서 사게되면 좋겠어요*_* 김귤탱귤 저도 사서 열심히 읽겠습니다 ! 헤수니남~ 언제나 화이팅이에요:-) 유리킴 언냐~저두언니다꾸책나오길너무너무바랫는데!너무기뻐요^^* 그책으로다꾸 실력을늘려야겟어요~ㅎㅎ 언니덕분에제꿈이생기고좋은일만가득하니깐~꼭살께요^^* 저의큰꿈이언니와 친해지고다꾸실력을높이는것이라는거아시죠? 언니를안지벌써4개월이라는시간이흘럿네요^^*ㅎㅎ 다꾸책축하드려요~~^^* 높은음자리표 그동안 열심히 모아두었던 다이어리 팁들을 드디어 한권으로 볼 수 있게되어서 영광입니다~ 축하드려요~!나오자마자 바로 살꺼에요~! 여낭 우와~헤수니님께서 책을 내셨네요~. 축하드리고 앞으로 많은 관심 드리겠습니다. 다시한번 축하드려요 :D 까미 매일 블로그에서만 볼수 있던 내용이 책으로 출판된다니 정말 기대되네요!! 다꾸책 흥하시길>,< 히로 축하축하축하 드려용*^^* 책나오면 서점으로 고고씽!! 시노 축하드려요~! 헤수니님 블로그로만 보다가 책으로 볼려니깐 벌써 기대되네요~!꼭 사야겠다고 생각이 들어요~! 정말존경스럽고 다시한번 축하드려요~!♡ 항 상정말 축하드려요!!!! 서로이웃은 아니지만 헤수니님의 이웃이라는게 영광 ㅎㄷㄷ!! 책 대박 나세염!ㅎ_ㅎ 책 리뷰도 올려주시면 좋을텐뎅ㅠㅇㅠ! 그래도 축하드려요♥ 리나 와우~정말 축하드립니다^^★ 이젠 책상 옆에펼쳐놓고 다꾸를 할수있겠네여^^ 출판되면 엄마한테 조르고 졸라서 살거에여~ 꼭! 채니쿠키 정말축하드려요^^ 블로그에서도 늘 도움을 주셨는데, 책으로도 도움을주실 수있으시니 정말감사할따름이랍니다! 티니 축하드려요ㅎㅎ헤수니님이라책이알찰듯ㅋㅋ꼭사서읽으께요존경합니당:) 민트 축하드려요~~ㅎ왠지 굉장히 실용성있을 것만 같은 느낌..?? 이제 헤수니님같은 다꾸..할수 있는거에요..??ㅎㅎ 으네 우와헤수니님다꾸책,용돈받으면꼭살래요 투모로우다이어리를구입하는데,헤수니님강좌너무좋아요× 몽블랑 헤수니님의 다꾸책 출판을 진심으로 축하드립니다:) 홍여사 출판을 축하드립니다~~!!!!! 그동안의 땀과 노력의 결실이 나오는군요~ 대박나세요~! 엄지 출판 축하드립니다:) 앞으로도 많이 발전하시는 헤수니님이 되셨으면 좋겠네요~^^ 스리찌 헤수니님의 다꾸책 출판을 축하드립니다♡ 벌써부터 기다려지는걸요~?! 헤수니님의 다꾸비결의 종점인 이 책! 사랑합니다! 우힛 난 나용이 자신만의 취미가 있는 헤수니님^^ 헤수니님의 다꾸를 보고 저도 자투리 시간에 다꾸를 시작했죠~ 그것 때문에 시간도 좀더 효율적으로 사용한것 같아요~ㅎㅂㅎ 헤수니님 감사합니다(정말 축하드려요^^) 키케쏘 완전축하드려요ㅎㅎ 헤수니언니 다꾸책 꼭 사야죠 어떤내용인지 궁금하네요^^ 바스민 헤수니님, 정말 축하드려요! 헤수니님이 내신 다꾸 책! 꼭 구입해서 헤수니님처럼 이쁘게 다이어리 쓸께요ㅎㅎㅎ 꽃리스 헤수니님의 다꾸는 항상 밝고 이쁜 것 같아요:) 다꾸책출판 축하드려요 ^^ 나미오 저는인터넷을자주못해서 ㅎㅎ 책이라도하나있었으면..했는데.. 정말잘됐어요 축하드려요× 크림 축하해요^^!! 서점에서봐요~ㅋㅋㅋㅋㅎㅎ 청춘 우와♥ 벌써부터 기대되는 다꾸책이네요!! 이번에 다꾸책하나 구입할려고 했는데 2주 후에 당장 서점으로 달려가야 겠어요~♡♡ 아일디 헤수니님다꾸정보를 책으로 만날수 있다니 기쁘네요^_^ 진심으로 축하드리고 앞으로도 열심히 응원할게요:-)♡ 꽃 지유 출판되면 꼭 사겠어요! 축하드려요♥ 로렐 헤수니님의 다꾸책이 출판되나디?!둑흔둑흔... 떨리는 마음으로 2주 뒤, 서점으로 go하겠습니다!! 기대되요♡ 헤수니님, 진심으로 축하드립니다^^ 엘스티 와× 정말 축하드려요 가끔 놀러와서 정보만 쏙 빼가는거같아서 죄송했는데 책이 나온다니 왠지 기분이 좋은걸요 ^^ 잘되실꺼에요~ ㅎㅎ 나래 ♥축하드려요♥ 앞으로 이책 덕분에 많은 분들이 다이어리꾸미는데에 많은 도움이될거에요~:-) 김앵민 헤수니님 블로그를 정말 열심히 봐왔는데. 이렇게 기쁜 소식은 처음이예요! 시험 잘쳐서 꼭 사러가겠습니다. 언제나 화이팅! :^D 꼬맹이 헤수니님의 다꾸는 레알 이쁜거 같에용!!>_< 곰돌이푸우 완전 축하드려용^^ 꽃채운 축하드려요! 책 대박나세요:) 류 이현 ★ 축하합니당>_<출판되면바로살께요*E☆HYUN 은다비 얼만지 모르겠지만 꼭~!꼭~! 사겠어웃~!!!!축하드려요! 티엔 헤수니님의 다꾸는 참신한데, 책은 얼마나 독특하고 참신할까요? 축하드려요, 헤수니님*^^* 그리고!! 꼭~~ 살게염*^^* Mint 다꾸책 출판 축하드려요~ 근데 다꾸책에 모눈도 있나요??ㅎ 새로고침 축하드려요~ 정말 기대되는 책이네요~ jh마녀 ☆정말 축하드려요^^ 출판되면 서점으로 달려갈께요^^ 모눈이 있으면 갖고 싶어서요 너굴이 축하드려요 이제 서점에서 만날수 있는거죠? 우와~~ ㅇㅅㅇ ♥축하드려용♥ 꼬~옥 살께요~♬나오자마자 서점으로 고고씽♪ 사과 다이어리책출판하게되신거정말축하드려요~꼭사도록할게요!ㅎㅎ정말축하드려요~감사합니다!^^ 나무단추 정말 축하드려요^^ 정뉘콜 축하드립니다! 2주후에 서점가서바로사겠습니다! 무한대에이터 너무너무 축하드려요♥예약해놔야겠어요:-) 체리 축하드려요, 헤수니님!! 평소에 정말 다꾸 잘하신다고 생각했는데 역시 책을 출판 안하면 이상한거겠죠?? ㅎㅎㅎㅎ 혜수니님이 출판하시는 책보고 앞으로 일어날 2011년 다이어리를 이쁘게 꾸밀 수 있을것같아요~♥ 희아씨 사고 시퍼요~ㅜㅜ 찌니 와우~언니 축하해요!!!그 책을 꼭 사고 싶네요~ㅎㅎ2주뒤면 제 생일이니까 생일선물로 부모님께 한번 기대 해볼라구요ㅎㅎ 삐진소녀 ☆헤수남~ 정말 축하드려요^^*아빠한테 쫄라대서라도 꼭 살게요^^* 진심으로 축하드립니다☆ 하씨 책 출판 축하드려요! 라라미 다이어리꾸미기 책 출판 축하드려요♡ 2주뒤에 꼭 서점에가서 사도록 할게요 ㅎㅎ 이번에는 책으로도 출시되어 더 좋은 다꾸를 할수있겠어요 ^^) 여긴어디난누규 우와 ^0^ 축하드려요 ㅎㅎ 2주후에나온다고하셨나요?? 2주후에 서점가서 후딱 사야겠다 ^^ 체크 정말축하드려요♬ 헤수니님이 너무다꾸를잘하셔서~ 책을출

간하셨으면좋겠다-하고생각했는데! 정말 너무기분이좋네요~꼭살게요ㅎㅎ o성계양o 정말 축하드립니다!! 나중에 서점가면 꼭! 살게요!
헤수니님!! 추카 드려요~! 근데 책 명이 다이어리 꾸미기 예요??.... 아쨋든!! 꼭 살게요~! Seonny ★헤수니다꾸책 출판 축하★ 넘넘 축하드
려용!! 서점에 나오면 바로 구매하고고싱할게용^^* 헤수니님 블로그보고 다녀리 구입한 1人입당, 많이 배우고 가요, 항상 감사드려요^^*
노시유 헤수니님의 다꾸책이 출판되다니!! 정말 축하드려요 ^^ 헤수니님의 다꾸책이 출판되면 꼭!! 사겠습니다 ^^ 다솜 이곳 제주도에서
도 그 책을 볼수있길바라요 ^0^ 헤수니님의 꿈에 한발짝 더 다가가신걸 축하해요 ^^쩽 우오우와~♥헤수니님정말정말축하드려요~! 꾸미기
잘하시는헤수니님책꼭꼭사야겠네요~! 경경 ♡책출판하신것 축하드립니다♥ 항상 좋은 정보 주셔서 감사드리고요~ 대박나세요^^ 하하
하 축하드려요^^ 이젠 책으로 보면서 열심히 다이어리꾸며야겠어요^0^ 브리 우와 진심으로 축하드립니다 ^^ 종종 이 곳에 와서 유용한 정
보를 얻어가곤 했는데, 이렇게 반가운 소식을 알게 되어 기쁩니다 ^^ 대박나시길 바랄께요!! 혜송이 정말정말 축하드려요~~~ 헤수니님 책
이 출판되면 제가 꼭 살거에요!!! BigBang 드디어 출판하시다니.. 왠지신기하네요~ 그래도 출하드려요!! 응원할께요! 행복 축하드려요~ 헤
수니언니~♡ 항상 헤수니블로그를 통해 많은 다꾸팁들, 좋은 정보들 담아갔었는데.. 이젠 책으로도 헤수니언니를 만날 수 있다니 너무 기쁘
고 깜놀했어염ㅎㅎ 헤수니언니 다꾸책 출판하시는 거 진심으로 축하드리구용~ 많은 사랑 받아서 더 발전하는 헤수니언니, 헤수니블로그
가 됐으면 좋겠어요! 정말 축하드려요~ 정음 정말 축하드려요^^~ㅎㅎㅎ 기분이신기하시면서도 기쁘시지않나요 ㅎㅎ? 전그런데..ㅎㅎㅎ
출판되면 바로달려가서 서점에서 구매할께요>< 다니 꼭 사야지! 푸름 헤수니님 축하드려요!! 드디어 헤수니님의 다꾸 책으로 볼수있
는거군요! 헤~ 아오아츠키 헤수니님 열정이 들어있는 책을 볼수있게되다니 정말 기뻤어요! 축하합니다 :) 마쉬멜로 우와 부러워요~축하드
려요~ 제이 역시 헤수니님! 정말 멋지십니다^^ 축하드려요~ 뿌잉뿌잉 ★우와!! 축하드려욤~~~ 책 나오면 꼭 살게여용ㅎㅎ★ 알핑듀퐁 축하드
립니다! 하핫, 출판되면 꼭 살게요!!! 움비 우와~저도 요즘에 헤수니님은 다이어리책안나나..생각했는데! 꼭사야징♥ 통통만두 헤수니님덕
분에 사랑스러운 다이어리를 만들 수 있게되서 너무 좋았었는데, 이젠 책까지 나오면 우와!! 너무 좋은데요!! 책 출판 축하드려요!! 다락방 꼭
꼬갈거에요~~~^^ 정말정말 축하드려요^ 이제나도 헤수님을 조금떠 따라갈수있는건가~!!!!! ANGELA 저도 정말 매일 헤수니 님의 다꾸
팁을 쓰는데, 정말 너무너무 유용하고 예뻐요>< 또 언제나 자신의 목표인 팬시브렌드를 만드는데 노력하시는 헤수니 님, 정말 존경스럽고
정말 짱이예요. 다나 우와!! 헤수니님 블로그보면서 이렇게 꾸며도 되는구나 ~여러가지도많이 느끼고 처음할때 너무 막막해서 놨던 다이
어리도 다시시작했어요ㅎㅎㅎ책출판축하드리고 흥하세요 !!! 히나닌 축하드려요 ^^ 항상 헤수니님에 블로그에서 다이어리 꾸미기 팁을 보
고 가도 아쉬웠었는데 이렇게 책이 나온다니 저도 정말 기뻐요. 그리고 다시한번 축하드려요 ♡ 걸 매일 헤수니언니 포스팅보면서 좋아했
는뎅 이제는 다꾸책까지.. 정말 대단하세용 그리구 축하드려요! 세세 헤수니님 축하드립니다 ^0^ 어느새 헤수니님을 안지 1년이 다되가네
요! 처음에는 다이어리를 꾸민다는것자체를 몰랐는데 헤수니님을 따라 다이어리를 꾸미기 시작했더니 1년사이에 다꾸실력이 쑥쑥자라났
어요!! 감사합니다~ 2011년에도 이쁜다이어리사서 이책보고 따라하고싶네요^^ 헤수니님 존경합니다~!! 흥하세웃!!♥ H hees 코료- "사고
싶다-'라고말하고싶다. "축하해요-'라고말한다- 털실 혼자 하기 막막했던 예쁜 다이어리 꾸미기를 도와준 헤수니님!출판을 축하해요^^ 엘
리아 헤수니님 축하드려요! 언젠가는 헤수니님의 다꾸책이 나왔으면 좋겠다고 생각했는데 정말 나왔네요^^ 꼭 사고 읽을게요! 헤수니님
사랑해용♡ 하루L 나 헤수니님책이 출시된다니!! 꼭사서 봐야겠어요^^ 헤수니님의 책에는 정말 신비한(?) 이야기들이 쏙쏙 나올것같네요
^^ 정말 진심으로 축하드립니다! 이젠 헤수니님만의 다꾸팁! 블로그에서만 공유하지않으시고, 모든분들에게도 알아드리니 베스트셀러가
될것같네요^^ 앞으로도 화이팅!! 헤수니님 짱>< 잘가버려오지마 ㅠㅠㅠㅠㅠㅠ헉! 언니! 저 사고싶네염.. 흑..ㅜㅜ;;언니라불러도되는지..ㅋ
ㅋㅋ막갑자기급불러지고싶은..호칭이네여...ㄹㄷㄷㄷㄷㄷ 뇽뇽이 우왓!! 2주뒤 당장 서점 가서 사야겠어요!!!!! 제가 좋아하는 헤수니님께서
책을 출판하신다니.. 왜 이리 않나오나 했어요~ 정말정말!! 축하드려요!!!ㅎㅎ 헤수니님의 책을 사서 2011년 다이어리를 예쁘게 꾸며봐야
겠어요!ㅎㅎ 미니픽크 우와~ 헤수니님 알게 된지 얼마안되는데 정말 능력자이셨군요 +_+ 다이어리 꾸미기책 출판 정말정말 축하드려요
대박나세요! 올챙이 헤수니님!♥축하드려요^^ 책이 출판이 되면 용돈을 털고털어서라도 살게요* _* 콩뿌미 오와~헤수니님 책까지 내신거
에요?유후~ 출간되면 서점으로 달려갈거에요! 종말 축하드려요!!ㅎㅎ 하랑 우와~ 헤수니님의 참신하고 기발한 아이디어가 드디어 책으로
출간되는군요!! 정말 축하드려요!!~ 용돈을 꼭 모아서 출판되면 살게요 ㅎㅎ 셔히 이제 헤수니님의 다이어리꾸미기 팁을 책으로 만나볼수
있게 되어서 좋아요 ♥ 출판되면 살게옝 꽃의타비 정말축하드려요 ^^세헤수니님책나오면♥이팔리겠어요~ 정말유용한정보가들어있을테
니까요!2주후에기대할게요 ^^^^ 너무 축하드립니다^^ 정말 사실 많고 많은 다꾸책 중에 사실 살만큼 맘에 드는게 없었는데 헤수니님책나오
면 꼭 사야겠네요 너무축하드립니다 ^^ 꼬꼬냥 넘넘 추카드려요!!~ 나오면 바로살께요 >_< 넘넘 기대되네요 MongA 옛날에 헤수니님께
서 다꾸책을 내시면 정말 좋겠다는 생각을 했었는데.........헤수니님 정말 축하드려요~ 저도 한 권 사서 배워야겠어요:) 슈퍼 역시 헤수니님
이쁜이가 나올꺼라믿어요>o< 악동마녀 정말 축하드려요^^ 블로그를 통해서 보면 언제나 꿈을 향해서 한걸음 한걸음 다가가는 모습이정
말 멋져보였어요. 이번에 그 꿈을 또 한가지 이룬 것 같아서 더욱 더 축하드려요^^ 깜뇨 헤수니님의 다꾸 꾸미는 방법 진짜 많이 도움이 됬
어요!! 출판되면 저도 사겠습니다! 축하드려요~ 꼬꼬마 헤수니님의 다이어리 꾸미기, 다재다능 끼를 이 책으로 많이 보여주세요★ 축하드
려요^^ 다람쥐 제가 다꾸를 시작한지 얼마 안됬는데 헤수니님 글들이 많은 도움이됬어요~ 앞으로도 화이팅!!!! cim_4879 헤수니님 축
하드려요! 항상 블로그로 보고있었는데 책으로 나온다니.. 폭풍감격~ 꼭 책 나오면 포스팅 작성 부탁드려요 ^-^! 레몬에이드 ★정말 추카드
려요웃~~★ 하핫!! 2주후 그 책을 사서 제 손에 들고 있었으면 좋겠어요^^ try2525 우와 축하드려요!! 저도 다이어리 사는 김에 같이 한 권 마련
해야겠네요♡ 농심너구리 헤수니님 어떤 책인가요? 너무 궁금해요>< 꺄! 사고싶네요 근데 아무래도 팬시나 다이어리에대한 책이겠죠? 인
기가많아서 다팔릴듯 해요~ 작은별소원 ♡정말 축하드려요 출판되면 엄마폴러거나 생일선물 쿨스마스선물로 사달라구나해야겠네용ㅋ
ㅋ정말루진심으로축하드려요~ 천생 꺄아 드디어 책으로 나오나요? 축하 축하 축하 드립니다! 책으로 나오면 항상 옆에 두고 보면서 잘 꾸
밀 수 있게 되어서 좋아요 :) 채도리 내년 되기전에 꼭 사서 2011년 다이어리는 헤수니님처럼 예쁘게 꾸밀거에요 ~♡ 출판 축하드려요 ^^
CG 드디어 기다렸던 다꾸책! 우와우와우와.. 정말 축하드려요!!! 표지라도 보고싶은데!!!... 히쪽 다이어리 생기면 책사서한번 꾸며봐야겠어
요. 손재주가 없는데 헤수니님의 다꾸책을보면서 꾸미면 손재주가 늘겠죠?ㅎㅎ ★축하드려요★ only두준 2주후면 그 유명하신 헤수니님
의다꾸책을 볼수가 있군요~ 얼른 사야겠네용~ 축하드려요~♥ 깽이 어머머...이룬 기쁜 소식을 이렇게 전하시구요~...아니너무 하십니다.. ㅎㅎ

뒤 에 서 계 속 됩 니 다 /

캐릭 캐릭
헤쑤니
다꾸

다이어리 꾸미기의 모든 것
캐릭캐릭 헤수니 다꾸

1판 1쇄 발행 2010년 12월 22일
1판 3쇄 발행 2013년 1월 22일

지은이 박혜선
펴낸이 안광욱
펴낸곳 도서출판 비엠케이

편집 김난희
디자인 아르떼203 김수연
제작진행 (주)꽃피는청춘

출판등록 2006년 5월 29일(제313-2006-000117호)
주소 서울시 마포구 서교동 463-31 플러스빌딩 4층
전화 (02)323-4894
팩스 (02)332-4031
이메일 arteahn@naver.com

값은 표지에 있습니다.
ISBN 978-89-958356-9-2 13630

일원화 공급처 (주)북새통
주소 서울시 마포구 서교동 465-4 광림빌딩 2층
전화 (02) 338-0117   팩스 (02) 338-7161
이메일 bookmania@booksetong.com

다이어리 꾸미기의 모든 것
캐릭 캐릭 혜수니 다꾸
박혜선 지음
Bmk
magazine&publishing

다이어리는 꿈을 함께 이루어가는 든든한 서포터

안녕하세요, 혜수니에요! 블로그에 포스트를 올릴 때마다 이렇게 인사를 하곤 했는데, 이번에는 책을 통해서 인사를 드리게 되어 너무 설레네요. 그저 다이어리 꾸미는 일이 좋았고, 블로그에서 여러분을 만나는 일이 즐거워서 꾸준히 블로깅을 해왔는데, 기대 이상의 사랑과 관심을 받고 이렇게 책까지 내게 되어 너무 기뻐요. 지금도 믿겨지지가 않아서 혼자 볼을 꼬집어보곤 한답니다. 저도 블로그를 하기 전에는 그저 다이어리를 좋아하는 많은 사람들 중 하나였을 뿐이니까요.

하지만 다이어리와 함께한 지는 정말 오래되었답니다. 기억을 더듬어보면 초등학교 때부터 노트나 수첩에 글을 쓰고 그림 그리는 걸 좋아했던 것 같아요. 마음에 드는 다이어리를 사기 위해 용돈을

모으고, 동생이 퀴즈상품으로 타온 다이어리가 갖고 싶어서 몇날며칠 조르기도 하고, 다이어리를 꾸미느라 밤을 새는 일도 허다했죠. 그런 다이어리를 보고 친구들이 부러워할 때면 얼마나 행복했던지……. 엄마는 그런 저를 볼 때마다 "넌 커서 뭐가 되려고 매일 다이어리만 붙잡고 있니?" 하며 핀잔을 주기도 했었어요.

다이어리는 기쁠 때나 슬플 때, 또 자랑할 만한 일이 생겼을 때, 고민이 있을 때도 언제나 혜수니와 함께 있었답니다. 혜수니 다이어리에는 정말 많은 이야기가 가득 차 있어요. 그래서 혜수니의 보물1호는 언제나 다이어리였답니다. 결국 혜수니는 팬시 디자이너가 되어 하루 종일 다이어리를 마음껏 꾸며도 좋은 사람이 되었답니다. 취미가 직업이 되었으

니 전 정말 행운아라고 해야겠죠?^^

어렸을 때부터 전 지나가는 시간이 너무 아깝다고 생각했어요. 그래서 하나라도 더 기억하고 간직하기 위해 다이어리를 적기 시작했답니다. 처음에는 그날그날 있었던 일들 위주로 다이어리를 채워나갔는데, 우연히 멋지게 꾸며진 다이어리를 보고 '나도 저렇게 꾸미고 싶다'는 생각을 하게 되었어요. 나만의 개성이 살아 있는 다이어리 꾸미기는 그렇게, 언제인지도 모르게 시작되었답니다. 그렇게 보낸 날들이 쌓이다보니 이제는 다이어리를 빼놓고는 헤수니를 얘기할 수 없을 정도가 되어버렸네요.

지금 헤수니의 책장에는 그동안 써온 수십여 권의 다이어리가 꽂혀 있어요. 그 안에는 제가 살아오면서 겪었던 수많은 감정과 추억들이 가득 들어 있답니다. 지금도 어릴 때 쓴 다이어리를 넘기다보면 그날의 기억들이 생생하게 되살아나곤 한답니다. 저는 그렇게 지난 기억과 추억들을 평생 간직하고 싶어요.

물론 헤수니도 다이어리를 꾸미다 마음에 안 들어서 찢어버린 종이가 수백 장이랍니다. 하지만 지금에 와서 돌이켜보니 그런 시간들조차 제게는 소중한 경험이고 공부였던 것 같아요. 그런 시간들이 있었기에 지금 헤수니를 좋아해주시는 분들이 있는 것이겠죠. 그런 점에서 블로그는 헤수니에게 행운의 열쇠 같은 것이랍니다. 다이어리가 마음에 쏙 들게 꾸며질 때마다 기쁨을 함께 나누기 위해 블로그에 올린 것들이 수많은 방문자와 팬을 만들어주었으니까요.

요즘 헤수니가 자주 생각하는 것은 무엇이건 원하는 게 있다면 포기하지 않고 끝까지 노력해야 한다는 것이에요. 포기하지 않고 끊임없이 도전한다면 세상에는 안 되는 일이 없는 것 같아요. 여러분도 무언가 하고 싶은 게 있으면 막연하게 생각만 하지 말고 다이어리에 구체적으로 쓰고 표현하고, 또 블로그를 통해 비슷한 생각을 갖고 있는 분들과 교류해 보세요. 특히 다이어리를 쓰면서 하나하나 계획을 세우고, 그 계획을 실천해 나가는 것은 꿈을 이루는 데 큰 힘이 되는 것 같아요. 다이어리는 내 꿈을 응원하고 함께 이루어가는 동반자이자 서포터니까요.

헤수니 드림

항상 철부지 같은 딸이지만 "사람은 자신이 하고 싶은 일을 하면서 살아야 한다"면서 끝까지 믿어주시고 힘을 주시는 엄마 아빠, 감사합니다. 그리고 항상 내 의지가 되어주는 든든한 동생 창영이, 그리고 나의 친구들 모두 고맙고 사랑해! ♡

차 례

PART 1
다꾸 초보자를 위한
인포메이션 가이드

PART2
나를 쏙 빼 닮은
내 캐릭터 만들기

PART3
다이어리꾸미기의
기본테크닉

PART 4
다꾸의 핵심은 직접 만든 수제 스티커

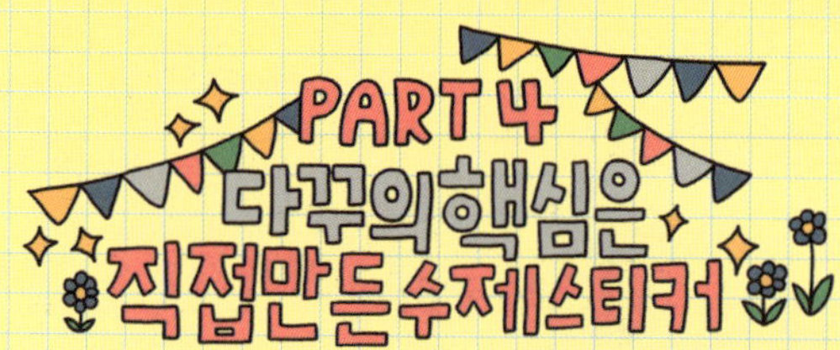

PART 5
다이어리를 돋보이게 해주는 콘텐츠 아이템

부록_Q&A

다꾸, 즐거운 만큼 실용성도 많답니다!

잘 모르는 분들은 다이어리 꾸미기를 여자아이들의 감상적인 놀이 정도로 여기기도 해요. 하지만 직접 다이어리를 꾸미다보면 정말 유용한 점이 많다는 데 놀라게 된답니다. 다이어리를 예쁘게 꾸미는 것은 개인적인 취향이나 관심 정도에 따라 달라지겠지만, 다이어리를 쓴다는 것만으로도 너무 많은 혜택을 누릴 수 있거든요. 어차피 쓰는 다이어리, 우린 좀더 예쁘게 꾸미고 싶을 뿐이에요. 그죠? ^^

1. 공부나 업무 계획 짜는 게 즐거워져요

다이어리의 첫 번째 목적은 일정관리에요. 이번 달에 할 일, 이번 주에 할 일, 그리고 오늘의 할 일 등을 꼼꼼하게 정리하고 하나씩 차례대로 실천해나가는 거죠. 공부건 일이건 이렇게 계획을 세워서 하는 것과 그렇지 않은 것에는 차이가 많은 것 같아요. 특히 다이어리를 깔끔하고 예쁘게 꾸며놓으면 자꾸 들여다보게 되어서 일정관리가 더 잘 되는 것 같아요.

2. 나만의 역사를 만들 수 있답니다

하루하루 다이어리를 써나가다 보면 어느새 나의 역사를 담은 노트가 한 권씩 만들어지곤 하지요. 그렇다고 해서 꼭 1년에 한 권씩 써야 하는 건 아니에요. 테마에 따라 두세 권의 다이어리를 함께 쓰기도 하고, 또 때로는 두세 달에 한 번씩 다이어리를 바꿔 쓸 수도 있죠. 다이어리를 쓰는 일 자체가 즐거운 일이니까요. 이런 다이어리를 하나둘 모으다보면 나중에는 다이어리만 들춰봐도 내가 그동안 어떻게 살아왔는지 한눈에 알게 된답니다.

3. 저렴하면서도 생산적인 취미활동이에요

다이어리 꾸미기는 다른 취미활동에 비해 비용이 적게 드는 편이랍니다. 마음에 드는 다이어리 한 권 사고, 펜 몇 개 사면 몇 달이고 갖고 놀 수 있으니까요. 또 그림을 좋아하면 그림으로, 사진을 좋아하면 사진으로, 자신의 취향과 장기에 맞춰 꾸밀 수 있으니 너무 좋아요. 다이어리를 쓰다보면 시간이 얼마나 빨리 가는지 몰라요. 이만한 취미활동이 어디 있겠어요!

4. 친구들과의 우정이 더욱 두터워져요

다이어리를 쓰다보면 친구들과의 우정이 더욱 두터워진답니다. 친구들과 함께 보낸 시간도 고스란히 다이어리에 담을 수 있고, 예쁘게 꾸며진 다이어리를 친구들과 함께 보며 새로운 추억을 만들 수도 있거든요. 특히 친구들과 함께 한 여행이나 쇼핑, 영화관람 등을 기록으로 남겨놓으면 두고두고 좋은 추억이 된답니다.

5. 꿈을 이루어가는 과정이 즐거워진답니다

꿈을 이루기 위해서는 그것을 다이어리에 적어놓고, 시시때때로 눈으로 보고 입으로 소리 내어 읽어야 한다고 해요. 다이어리를 꾸미다보면 이런 일은 날마다 저절로 된답니다. 그러니 다이어리를 꾸미는 것만으로도 꿈을 이루는 일이 한결 쉬워진다고 할 수 있죠. 지나친 비약일까요? 전혀 그렇지 않답니다. 다이어리에 꿈을 적고 그 길을 한 발, 한 발 나아가보세요. 어느새 꿈꾸던 미래가 눈앞에 펼쳐져 있을 거예요.

다이어리 꾸미기의 기본기를 익혀보세요.

다이어리 고르는 법부터 다꾸 아이디어 얻는 법까지

혜수니가 자세히 알려드릴게요!

헤수니에게 다이어리란 헤수니 그 자체예요. 다이어리를 꾸미는 건 제 삶의 즐거움이자 저의 모든 걸 표현할 수 있는 세계랍니다. 저는 다이어리 안에서 웃고, 울고, 모든 걸 표현해요. 그렇게 저를 표현하다보면 다른 어떤 곳에서도 느껴보지 못했던 만족감과 행복을 느낀답니다.

물론 저도 처음에는 검정 볼펜으로 일상을 적는 정도가 전부였죠. 그러다 어느 순간 색색의 펜들을 하나하나 사게 되면서 다이어리 꾸미는 일의 재미를 알게 되었답니다. 저 말고도 취미로 '다꾸' 하시는 분들은 참 많아요. 하지만 한두 살 나이가 먹고 일이 바빠지면 그것도 '한때'라며 다이어리를 접곤 합니다. 하지만 전 신기하게도 갈수록 '다꾸'에 빠져들었답니다. 지금은 다이어리를 언제부터 써왔는지 생각도 안 날 정도예요.

그렇게 다이어리와 함께한 시간이 길어지다보니 자연스럽게 단순한 일기형식을 벗어나게 되고, 이제는 친구들에게 보여주고 자랑하는 작품이 되어가고 있답니다. 다이어리의 본래 목적은 그날그날의 일정이나 잊어서는 안 될 일 같은 걸 적는 데 있죠. 하지만 같은 내용이라도 보다 다양한 표현법을 활용하면 자기만의 개성이 넘치는 다이어리가 완성된답니다. 실용성 중심의 생활필수품에서 다이어리 자체가 즐거움을 주는 도구로 변화하게 되는 거죠.

요즘은 온라인에서 그런 도구를 찾는 분들도 많아요. 헤수니도 블로그나 카페를 통해 여러분과 소통하고 있으니까요. 하지만 펜을 들고 글씨를 쓰거나 그림을 그리며 느끼는 손의 감각과 종이의 따뜻한 질감은 절대 포기할 수 없는 즐거움이죠.

'다꾸'에 관심이 많은 분들도 시작하기를 주저하거나 어느 정도 하다 그만두

umbrella
monday
tuesday
wednesday
thursday
friday
saturday
SUOMI FINLAND
SVERIGE
오늘은 진짜 200日!!
예쁜 커플링으로 사랑나눔
원고마감오늘까지
책 표지 삽화 :)
다이어리 샘플링마감!
다이어리 쓰는게
나에게는 가장행복한일

는 경우가 많은 것 같아요. 아마도 다이어리를 꾸미다 망치면 어떡하나 하는 두려움이나 꾸미는 방법을 잘 몰라서 그러는 게 아닐까 싶어요. 기본기만 익혀두면 무궁무진한 응용이 가능한데 말예요. 사실 다이어리란 게 지극히 사적인 아이템이잖아요. 그러니 무엇보다 자기만족이 중요하지 않을까 싶어요. 예쁘게 잘

만들어지면 친구들에게도 보여주고 블로그나 카페에 올려 자랑도 하고 그러겠지만, 훌륭한 작품이 안 나오면 또 어때요? 스스로 조금씩 발전해가는 것을 느끼며 즐기면 그만이죠.

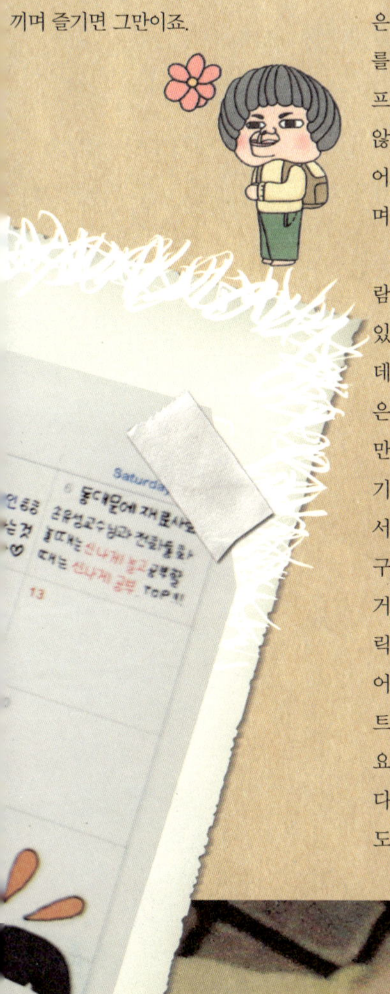

다이어리를 예쁘게 꾸미는 것과 잘 꾸미는 것, 그리고 나만의 스타일로 꾸미는 것은 비슷한 것 같지만 정말 다르답니다. 예쁘게 꾸미는 것과 잘 꾸미는 것은 어느 정도 공식 같은 게 있어요. 글씨를 잘 쓰고 예쁜 스티커나 디자인 테이프를 이용해 큰 레이아웃을 벗어나지만 않는다면 누구나 다이어리를 꾸밀 수 있어요. 인터넷만 뒤져봐도 보기 좋게 꾸며진 다이어리가 참 많잖아요.

하지만 "아, 이 다이어리는 정말 이 사람의 스타일을 잘 보여주는구나. 개성 있다!" "이 사람 다이어리는 뭔가 다른데?" 하는 생각이 드는 경우는 많지 않은 것 같아요. 그래서 헤수니는 헤수니만의 느낌이 가득한 다이어리를 꾸미기 위해 항상 노력하고 있어요. 그중에서 헤수니가 가장 좋아하는 표현법은 누구도 갖고 있지 않은 캐릭터를 이용하는 거예요. 헤수니라는 캐릭터를 만들고 캐릭터에 여러 표정과 행동을 부여해 다이어리를 꾸며놓으면 만화책이나 일러스트 책 같아서 더 애착이 가고 재미있어요. 나만의 캐릭터가 있는 개성 넘치는 다이어리를 꾸미는 건 자부심을 느낄 정도로 뿌듯한 일이랍니다.

다꾸에 활용하기 좋은 다이어리 선택법

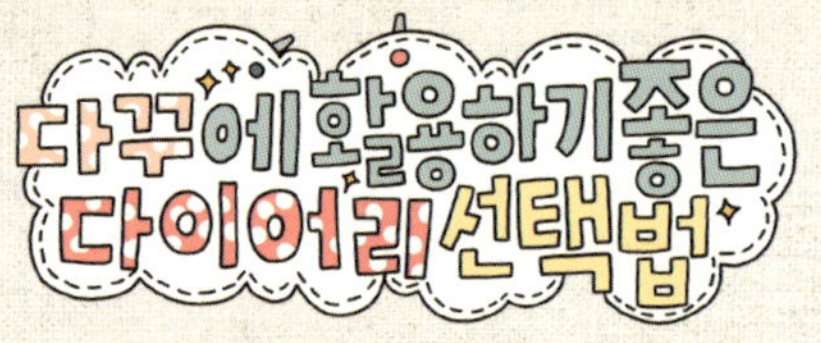

다이어리의 종류는 정말 무궁무진하답니다. 셀 수 없을 정도로 많은 다이어리 중에서 나에게 꼭 맞는 다이어리를 찾기 위해서는 여러 가지 다이어리를 알아야 해요. 혜수니가 다이어리의 종류와 장단점을 간단하게 소개해드릴게요. 내 다꾸에 활용하기 좋은 다이어리는 어떤 것인지 한번 알아보세요!

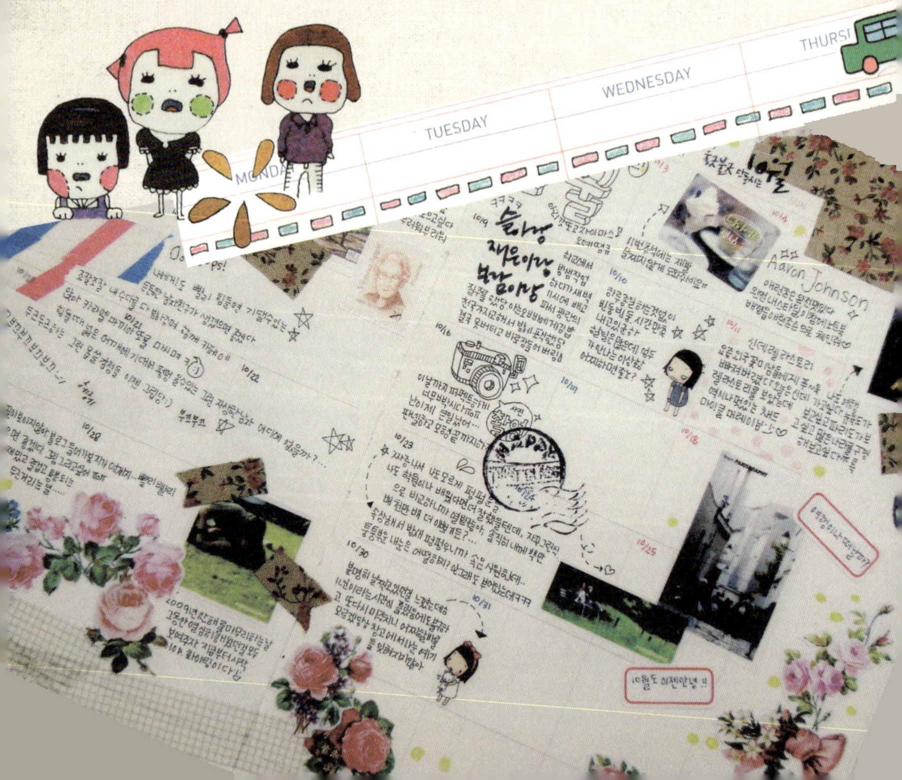

심플 다이어리

심플 다이어리는 그림이 없이 줄만 그어져 있는 다이어리를 말해요. 그림과 글씨에 자신 있는 분들은 거의 심플 다이어리를 선택해서 자기만의 개성을 불어넣는답니다. 다이어리 꾸미기를 가장 효과적으로 할 수 있는 다이어리는 심플 다이어리가 아닌가 생각해요. 자신의 무한한 잠재력을 다 쏟아낼 수 있도록 넓은 공간을 준비하고 있으니까요. ^^

모든 걸 직접 꾸미는 다이어리를 원하시는 분이라면 자기만의 감각을 살려줄 심플 다이어리를 추천해드려요. 그림뿐만 아니라 멋진 글씨, 스티커, 디자인 테이프, 스탬프 등 다양한 다꾸 용품을 최대한 활용하여 자기 마음대로 표현해보세요!

일러스트 다이어리

다양한 그림과 일러스트로 채워진 다이어리를 일러스트 다이어리라고 해요. 가장 많은 분들
이 선호하는 다이어리가 아닐까 싶은데요, 그림에 자신이 없거나 꾸미는 걸 좋아하지 않는
분들에겐 일러스트 다이어리가 좋답니다.

일러스트 다이어리는 종류와 디자인이 무궁무진하답니다. 조금만 신경 써서 찾으면 나에게
꼭 맞는 다이어리를 만날 수 있을 거예요. 힘들이지 않고 꾸밀 수 있으니 그림에 자신 없는
분이라면 추천해드려요.

캐릭터 다이어리

요즘 들어 인기를 끌고 있는 다이어리가
캐릭터 다이어리랍니다. 인기 있는 카툰이
나 웹툰 등이 실려 있어 그 자체만으로도
작품이죠. 캐릭터가 갖고 있는 아기자기하
고 귀여운 모습들과 재미있는 상황표현 등
볼거리가 많아서 젊은층에서 인기가 높답
니다. 특정 캐릭터를 좋아하는 분들께는
딱이죠! 스토리가 있는 다이어리라 볼거
리가 많아서 더욱 좋아요.

바인더 다이어리

바인더 다이어리는 다이어리 초기 때 유행했던 스타일로, 지금은 보기가 조금 힘들어졌죠. 헤수니도 한 개 갖고 있는데, 요즘에는 많이 나오지 않기 때문에 아주 희귀한 다이어리랍니다. 바인더 다이어리는 가운데 바인더 링을 열어서 다이어리 속지를 뺐다 꼈다 할 수 있다는 게 큰 특징이에요. 다양한 속지를 골라 자유롭게 편집할 수 있으니 다꾸 하기에는 편한 쪽에 속한답니다. 요즘은 속지를 직접 만들어서 사용하는 분들도 많더라구요.

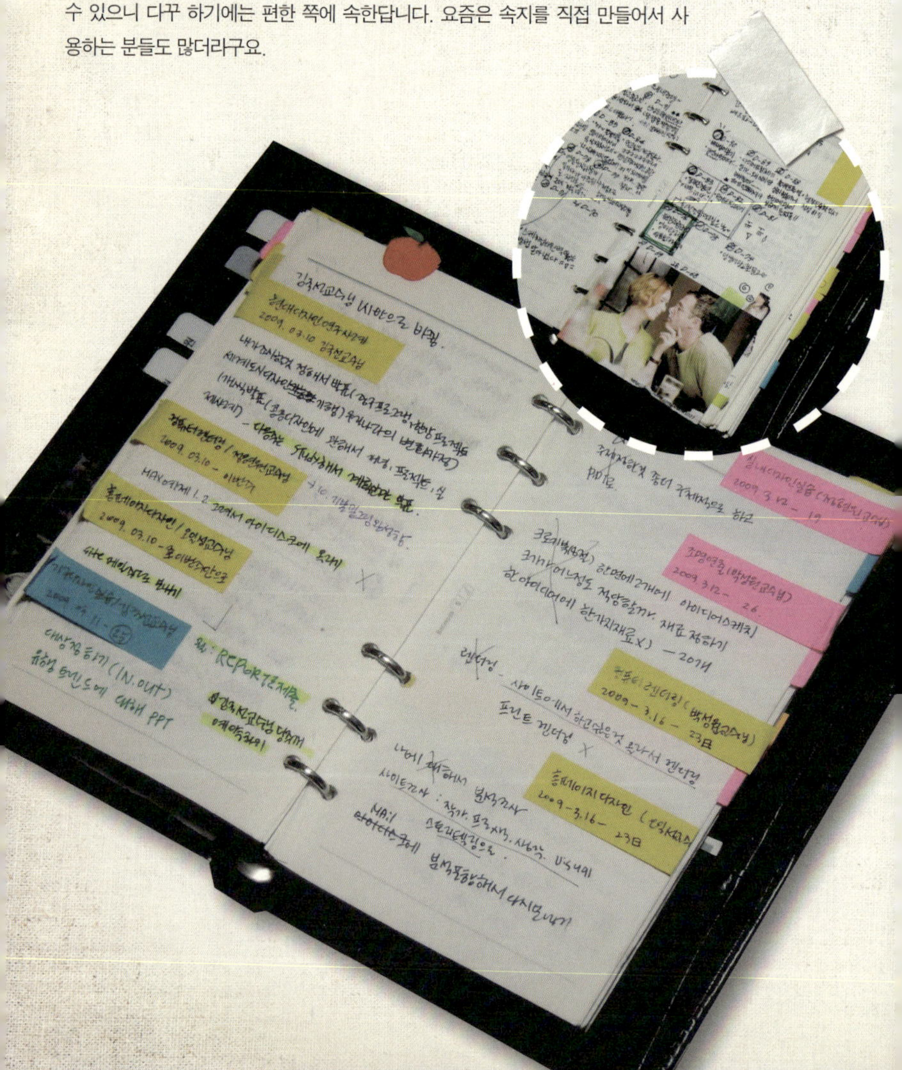

포토 다이어리

말 그대로 사진으로 이루어진 다이어리를 포토 다이어리라고 해요. 기분 좋은 자연, 뉴욕이나 파리처럼 멋스러운 거리 풍경 등을 담은 사진이 가득한 다이어리랍니다. 일상이 그대로 담겨 있어 따뜻한 느낌을 주는 다이어리로, 문구 하나만 적어도 멋진 다이어리를 연출할 수 있다는 게 매력이죠. 그림보다 사진을 좋아하는 분들은 이야기 가득한 포토 다이어리가 딱 맞을 것 같아요. 사진에 따라 빈티지 느낌을 물씬 풍기는 것도 있으니 자기만의 스타일을 찾아보세요.

스케줄러 · 포켓북

위클리로만 이루어져 있어서 하루하루의 계획을 적을 수 있는 스케줄러는
다이어리보다 사이즈가 작아서 편하게 휴대하면서 사용할 수 있어요. 스
케줄러에 다꾸를 하는 분들도 많이 있지만 거의 대부분 간단히 스케줄만
적기 위해 사용되고 있답니다. 그와 비슷한 느낌의 포켓북은 일반 다이어리처럼 쓸
수 있지만 주머니에 들어갈 만큼 작은 사이즈로 이루어진 것을 말해요. 스케줄러는 다이어리를
쓰고 싶지만 '귀차니즘'이 강해 꾸미는 걸 귀찮아하시는 분들에게 딱이에요!

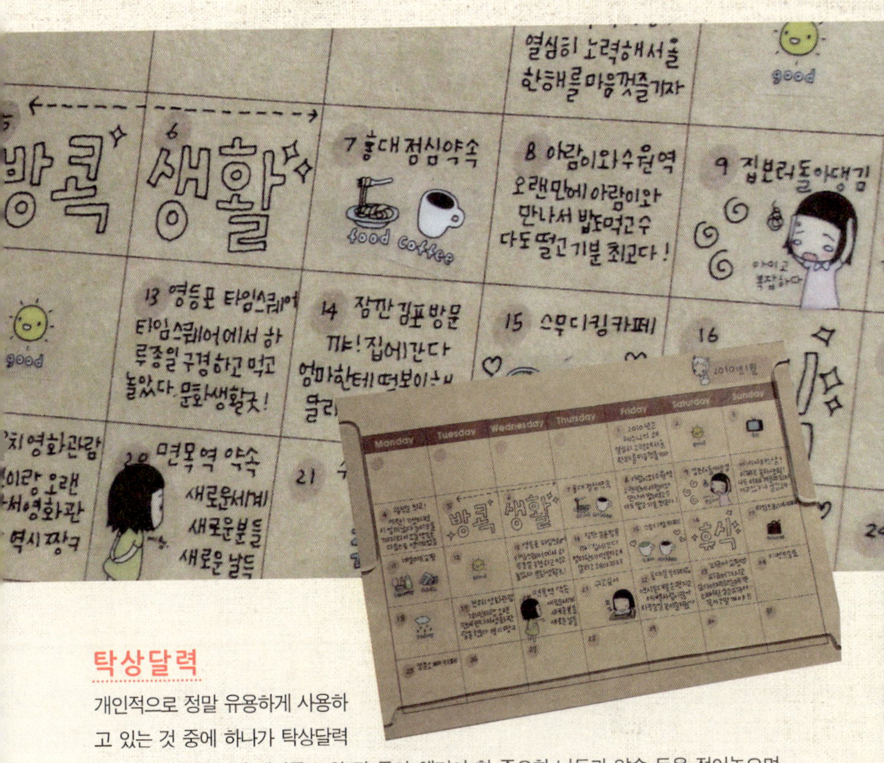

탁상달력

개인적으로 정말 유용하게 사용하
고 있는 것 중에 하나가 탁상달력
이랍니다. 책상 위에 세워두고 한 달 동안 챙겨야 할 중요한 날들과 약속 등을 적어놓으면
한눈에 알아볼 수 있어서 편리하고 매일매일 쉽게 일정을 관리할 수 있어서 너무 좋아요. 탁
상달력도 다이어리만큼 예쁘게 꾸밀 수 있어요. 종류는 일러스트로 이루어진 것, 심플한 디
자인 등 다양하게 있어서 취향에 따라 선택하실 수 있답니다. 탁상달력을 사용하는 데 꾸미
는 걸 좋아하신다면 심플한 탁상달력을 선택해 나만의 탁상달력을 만들어보세요. 다이어리
만큼 뿌듯함을 느끼실 수 있을 거예요. ^^

공부 · 커플 다이어리 · 용돈기입장 · 티켓북

그밖의 다이어리로는 공부 다이어리, 커플 다이어리, 용돈기입장, 티켓북과 같이 하나의 목
적을 갖고 있는 다이어리를 얘기할 수 있겠네요. 이렇게 목적이 분명한 다이어리도 꾸미는
방법에 따라 분위기가 180도 달라진다는 걸 명심하세요. ^^

다이어리를 꾸밀 때 가장 중요한 준비물이 다이어리라면 두 번째는 펜이라고 할 수 있죠. ^^ 어떤 펜을 사용하느냐에 따라 다이어리의 분위기가 무궁무진하게 달라지거든요. 헤수니가 사용하고 있는 펜을 중심으로 다이어리 꾸밀 때 많이 사용되는 펜 몇 가지를 소개해드릴게요.

1

파인테크
FINE -TECH

헤수니가 다이어리를 맨 처음 쓰기 시작했을 때 주로 사용하던 펜이에요. 처음에는 부담 없는 가격 때문에 쓰게 되었는데, 손에 착착 달라붙는 감각이 좋아 줄곧 파인테크를 썼답니다. 파인테크는 하이테크와 생긴 건 비슷하지만 필기할 때 약간 다른 느낌을 갖고 있어요. 기본적으로 0.3을 사용하고, 가끔 꽉 찬 느낌을 주고 싶거나 세세하게 쓰고 싶을 때는 0.25를 사용합니다.

시그노
SIGNO

친구에게 추천받아 써보고 한눈에 반한 펜이 시그노예요. 다이어리 꾸미기 세계에선 유명한 펜이지요. 볼펜마다 잉크 양이 조금씩 차이가 있는데, 시그노를 보면 딱 적당하다는 느낌이 듭니다. 특히 글씨를 쓸 때 사각사각한 느낌이 들어서 글씨가 더 잘 써지는 느낌을 받게 되더라구요. 며칠 전에도 빨강, 파랑, 검정 등의 시그노 펜을 구입했는데, 너무 자주 썼는지 벌써 잉크가 반이나 달았네요. 잉크 소모가 많은 게 단점이지만 그 외에는 정말 글씨 쓰는 느낌이 좋은 펜입니다.

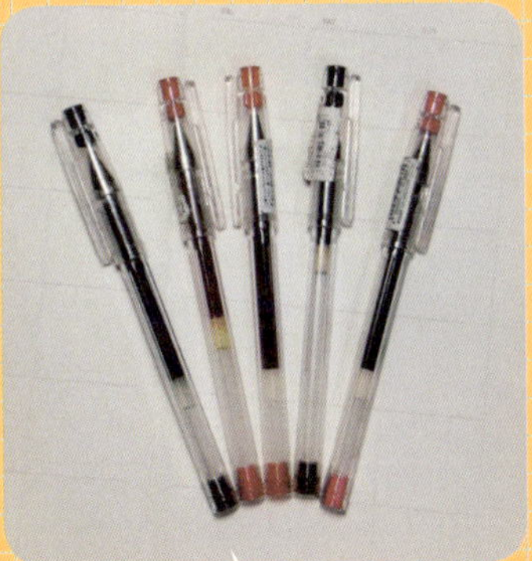

하이테크
HI-TEC

고등학교 때는 100% 하이테크를 썼어요. 하이테크는 펜 끝이 가늘어서 글씨가 정말 잘 써지더라구요. 그래서 색깔별로 구입해서 썼던 기억이 나네요. 하지만 금방 고장이 나기 때문에 쓸 때마다 애지중지하며 써야 했어요. 펜 끝이 가늘어서 그런지, 글씨를 다 쓰고 나서 필기한 걸 보면 언제나 만족했었답니다. 글씨로만 다이어리를 꾸미고 싶은 분들께 추천해드리고 싶어요. 섬세한 표현을 원하시는 분들도 만족하실 거예요.

젤리롤
GELLY ROLL

4

다른 펜보다 펜 끝이 두꺼워서 잘 사용하지는 않지만 포인트를 줄 때마다 사용하고 있는 펜이 젤리롤입니다. 포인트를 주려고 구입한 만큼, 색상은 금색, 은색, 흰색 등 약간 펄 느낌이 나는 것으로 구입했어요. 한 가지 알아둘 점은 일반 펜과는 다르게 글씨가 약간 희미하다는 것이에요. 하지만 이런 점이 오히려 장점으로 작용하기도 한답니다. 젤리롤로 친구에게 편지를 써서 보낸 적이 있는데, 검은색 색지에 흰색 젤리롤을 이용해 편지를 써 보냈더니 반응이 정말 좋았어요! 굿! 굿!

미피펜
MIFFY PEN

5

미피펜은 그림 그릴 때 주로 사용하는 펜이랍니다. 펜 끝이 굵은 쪽에 속해서 캐릭터의 느낌이나 일러스트를 그릴 때 주로 미피펜을 사용하는데, 다이어리에 직접 사용하진 않고 수제 스티커나 편지지에 많이 사용한답니다. 잉크가 너무 잘 나와서 번질 때가 많거든요. 하지만 그림을 그리거나 그림의 테두리를 진하게 할 때는 정말 딱이랍니다!

7

붓펜
BRUSH PEN

요즘에 큰 인기를 끌고 있는 게 붓펜이지요! 전문 캘러그래피 펜이 없어도 붓펜을 이용하면 멋진 빈티지 글씨를 만들 수 있답니다. 빈티지한 느낌을 내고 싶을 때는 붓펜을 이용해 보세요. 헤수니는 살짝 휘날려 다이어리에 포인트를 줄 때 자주 이용한답니다. 하지만 멋진 글씨를 쓰려면 일단 연습이 필요합니다. 필기체를 많이 연습해야 멋진 붓펜 글씨를 쓰실 수 있을 거예요. ^^

6

플러스펜
PLUS PEN

미피펜과 마찬가지로 그림을 그리거나 테두리를 할 때 많이 사용하는 편이에요. 빈티지 느낌의 그림을 그릴 때는 붓 느낌이 강한 플러스펜을 사용한답니다. 그림에도 종류가 다양하니 펜도 그때그때 분위기에 맞는 것을 골라야 하잖아요. 가격도 저렴하고 색상도 여러 가지라서 자주 이용하고 있어요.

색연필
COLORED PENCIL

컬러링을 할 때 가장 많이 사용되는 재료가 색연필과 마카인 것 같아요. 그중 색연필의 가장 큰 장점은 다이어리에 바로 쓸 수가 있다는 거예요. 다이어리 속지는 일반 종이보다 얇아서 잘못하면 뒷면에 비치기 쉽지만 색연필로 컬러링을 하면 그런 걱정을 하지 않아도 되거든요. 하지만 깔끔한 컬러링을 원하는 헤수니는 색연필은 잘 사용하지 않아요. 하나하나 힘 주어 컬러링을 하면 상관없지만 헤수니는 색연필의 수수한 느낌보다는 임팩트가 강한 느낌을 좋아한답니다.

보드마카
BOARD MARKER

큰 포인트를 주고 싶거나 다이어리 맨 앞장 또는 편지지의 테두리를 할 때 많이 사용한답니다. 두께가 있어서 처음에 삐뚤거리지 않게 조심조심 사용해야 해요. 포인트 글씨를 쓸 때 보드마카로 기본글씨를 쓰고 다른 펜으로 그 옆을 꾸미면 정말 예쁘답니다. ^^

마카
MARKER

컬러링을 할 때 가장 많이 사용하는 마카! 가격부담이 있지만 색상도 다양하고 깔끔하게 채색이 되어 자주 쓰는 편이랍니다. 다이어리에 직접 쓰면 뒷면이 엉망진창이 되어버리기 때문에 다꾸를 할 때는 주로 수제 스티커로 만들어서 사용합니다. 라벨지에 그림을 그리고 마카로 컬러링을 해서 다이어리에 붙이면 아주 예쁘죠. 헤수니는 신한마카를 사용하고 있는데, 브랜드마다 마카도 조금씩 다르니까 직접 써보고 고르는 게 좋아요!

내게 맞는 펜이
가장 좋은 펜

다이어리 블로그를 운영하다 보니 헤수니가 사용하는 펜을 그대로 사용하려고 하는 분들을 많이 접했어요. 하지만 헤수니도 아직 사용해보지 못한 펜이 수두룩하답니다. 어쩌면 또 다른 펜을 써보고 "어머, 이거 나에게 잘 맞네!" 하면서 순식간에 펜을 바꿀지도 몰라요. 그만큼 펜은 자신에게 맞는 것을 사용하는 게 가장 좋답니다. 누가 좋다고 해서 그 펜을 쓰면서 '나도 저렇게 글씨를 잘 쓸 수 있을 거야'라고 생각하면 안 된답니다. 여러 가지 펜을 사용해보고 나에게 맞는 펜을 사용하는 게 가장 좋다고 헤수니는 힘주어 말하고 싶네요! ^^

다꾸에 적용되는 대표적인 표현법

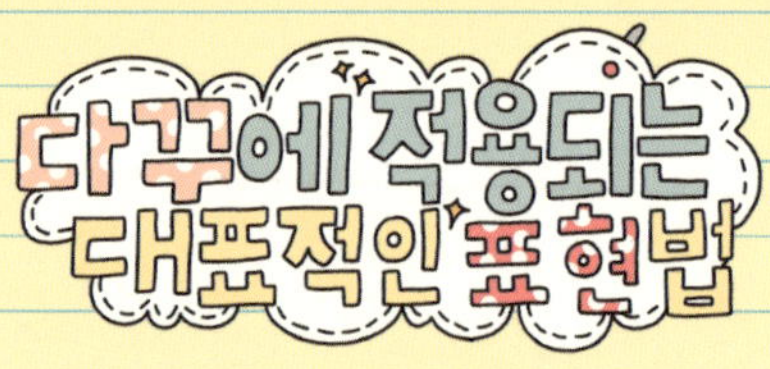

다이어리를 꾸미는 다양한 방법에 대해서 알려드릴게요. 다꾸 방법은 다이어리의 종류만큼이나 다양하답니다. 글씨만으로 꾸민 다이어리와 여러 가지 그림과 스티커로 꾸민 다이어리, 그리고 다양한 소품을 사용한 다이어리 등 같은 다이어리라도 전혀 다른 방법을 이용해 꾸밀 수가 있어요.

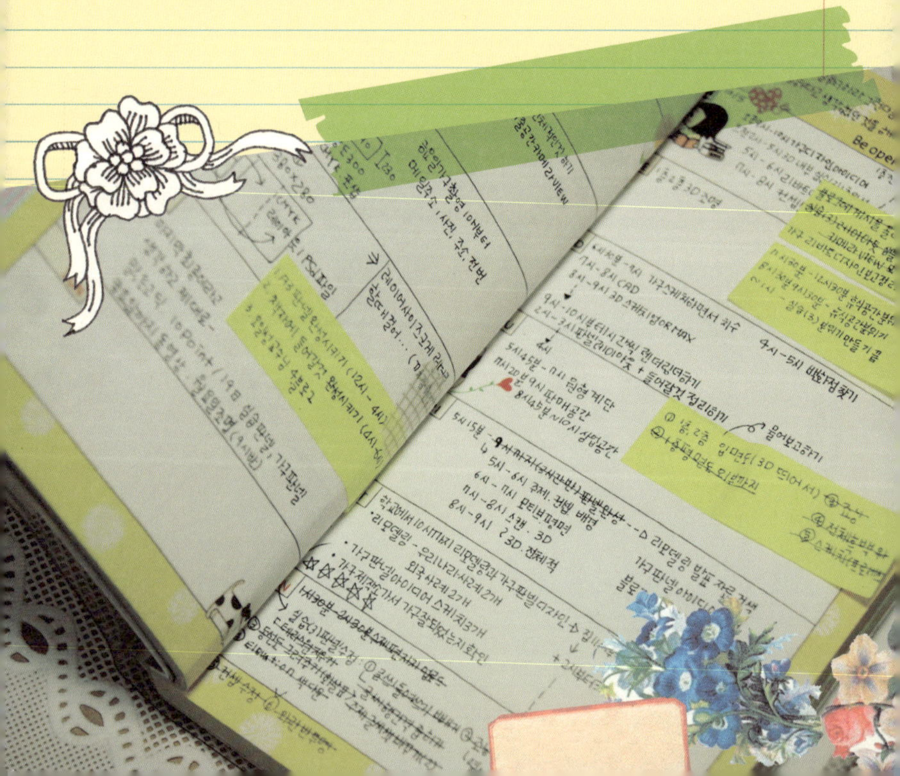

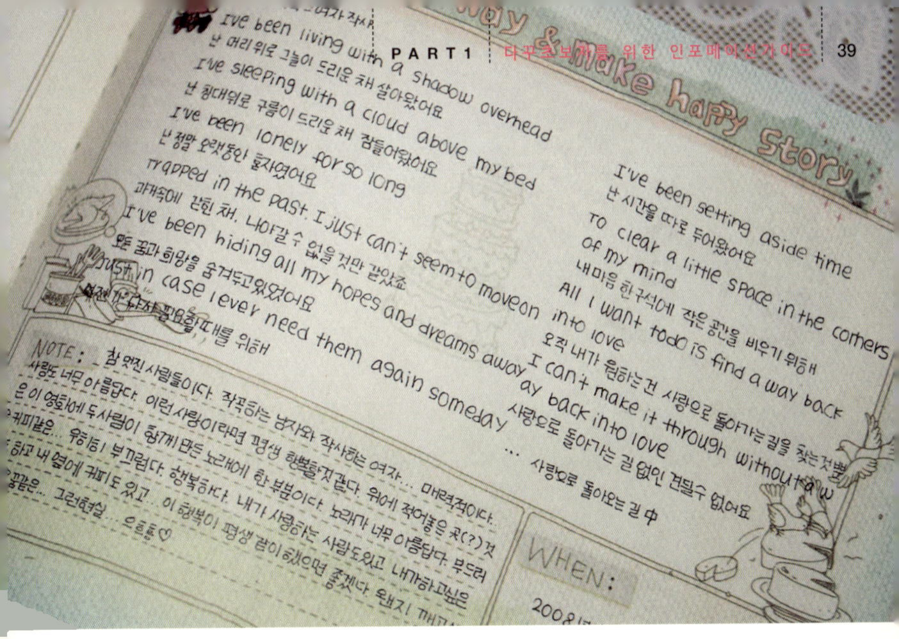

I've been living with a shadow overhead
난 머리 위로 그늘이 드리운 채 살아왔어요
I've sleeping with a cloud above my bed
난 침대 위로 구름이 드리운 채 잠들어왔어요
I've been lonely for so long
난 정말 오랫동안 혼자였어요
Trapped in the past. I just can't seem to move on
과거속에 갇힌 채, 나아갈 수 없을 것만 같았죠
I've been hiding all my hopes and dreams away
또 꿈과 희망을 숨겨두고있었어요
Just in case I ever need them again someday
혹시나 다시 필요할때를 위해

I've been setting aside time
난 시간을 따로 두어왔어요
To clear a little space in the corners
of my mind
내마음 한 구석에 작은 공간을 비우기 위해
All I want to do is find a way back
오직 내가 원하는건 사랑으로 돌아가는 길을 찾는 것뿐
into love
I can't make it through without a w
ay back into love
사랑으로 돌아가는 길 없인 견딜수 없어요 ... 사랑으로 돌아오는 길 中

NOTE : 참 멋진 사람들이다. 작곡하는 남자와 작사하는 여자… 매력적이다.
사랑도 너무 아름답다. 이런 사랑이라면 평생 행복할것같다. 위에 적어놓은 곳(?)것
은 이 영화에서 두사람이 함께 만든 노래에 한 부분이다. 노래가 너무 아름답다. 부드러
귀피같은… 유능이 부끄럽다. 행복하다. 내가 사랑하는 사람도있고 내까하고싶은
하고 내 곁에 귀피도 있고 … 이 행복이 평생 같이했으면 좋겠다. 왠지 깨끗
깔같은… 그런해커실 … 으흐흫♡

WHEN :
2008년

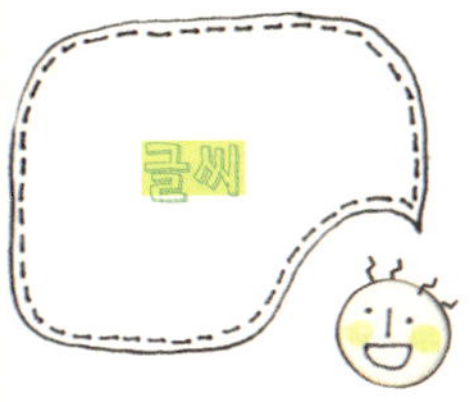

다꾸의 가장 기본이 되는 테크닉은 글씨 쓰기랍니다. 다른 손재주가 없어도 볼펜 하나만 있으면 다이어리를 꾸밀 수 있어요. 대부분 기록 위주로 다이어리를 채울 때 글씨를 이용하지만, 글씨만으로도 얼마든지 매력적인 다꾸 작업이 가능하답니다. 물론 이때는 글씨체가 어느 정도 예뻐야 한다는 조건이 있지만, 어떤 글씨체라도 나름대로 개성이 있으니 이 점을 활용해보는 것도 방법이겠죠? 그림에 자신이 없거나 그림 그리는 게 귀찮다면 글씨로만 다이어리를 채워보세요. ^^

그림 그리는 걸 좋아하거나 나만의 캐릭터를 바로 다이어리에 그려서 다이어리를 꾸미는 방법이에요. 수제스티커를 만들어야 하는 번거로움이 없어서 좋지만 그림을 망치면 다이어리를 찢고 싶은 충동을 느낄 수가 있으니 주의가 필요하죠. ㅎㅎ~ 그림은 정형화되어 있지 않고 그때그때 감정이나 느낌을 바로 표현할 수 있어서 좋은 방법인 것 같아요. 그림을 잘 그리는 사람만 활용할 수 있는 다꾸 테크닉인 듯 보이지만 자신만의 그림체만 있으면 누구나 시도할 수 있는 방법이랍니다.

스티커

직접 만든 스티커가 아닌 문구점이나 팬시점에서 판매하고 있는 스티커를 이용하는 방법이에요. 아마 다이어리를 꾸미자고 할 때 가장 먼저 떠오르는 방법이 아닐까 싶네요. 요즘은 어떤 팬시점이건 다양한 스티커를 구비하고 있으니, 마음에 드는 스티커를 골라 다이어리에 붙여보세요. 어떻게 배치하느냐에 따라 다이어리의 느낌이 달라지긴 하지만 이미 멋진 스티커가 있으니 누구라도 기본은 할 수 있지 않겠어요? 헤수니도 팬시점에 갈 때는 스티커 판매대를 꼭 살피고 마음에 드는 스티커가 있으면 사와서 다이어리에 붙이곤 한답니다.

수제스티커는 헤수니가 정말 좋아하는 다꾸 테크닉이에요. ^^ 직접 그린 그림을 스티커로 만들어서 필요할 때마다 다이어리에 붙이면서 꾸미는 방법이랍니다. 다꾸는 물론, 간단한 방법을 이용해 나만의 수제스티커를 제작하는 기쁨까지 느낄 수 있으니 재미가 두 배인 셈이죠. 또 한번 그려두면 필요할 때마다 출력해서 사용할 수 있으니 편리하기까지 하답니다. 나만의 느낌을 표현하고 싶을 때는 수제스티커를 이용해 다이어리를 꾸며보세요. 이 세상 누구도 갖고 있지 않은 스티커로 꾸민 나의 다이어리!! 생각만으로도 가슴이 두근거려요. ^^

소품 활용하기

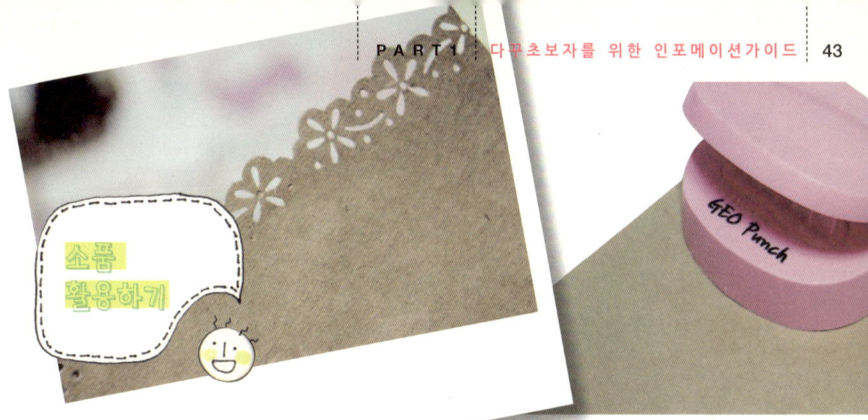

요즘에는 다이어리 꾸미기에 활용할 수 있는 제품들이 많이 출시되고 있어요. 그래서 팬시점을 한 바퀴 돌아보면 어디에 사용하는 건지 모를 정도로 희한한 제품들을 만날 수 있어요. 펀치와 스탬프 같은 소품을 사용해서 다이어리를 꾸미는 방법도 유행하고 있지요. 이런 소품은 다이어리 외에 다른 곳에도 유용하게 쓰이는 것들이니 몇 가지 갖춰두시는 것도 좋을 것 같아요.

오려 붙이기

그림을 그리지 않고 다이어리를 꾸밀 수 있는 방법도 있답니다. 바로 잡지나 책 등 다양한 종이를 오려 붙이는 방법이에요. 주변에 있는 잡지책을 펼쳐보세요. 잡지 한 권만 들춰봐도 다이어리를 꾸밀 수 있는 자료들이 넘쳐난답니다. 멋진 사진이 될 수도 있고, 글씨가 될 수도 있고, 또 마음에 드는 편지지나 벽지, 포장지 등 어떤 종이라도 가능하죠. 이 많은 재료를 어떻게 활용하느냐는 나의 몫이겠죠?

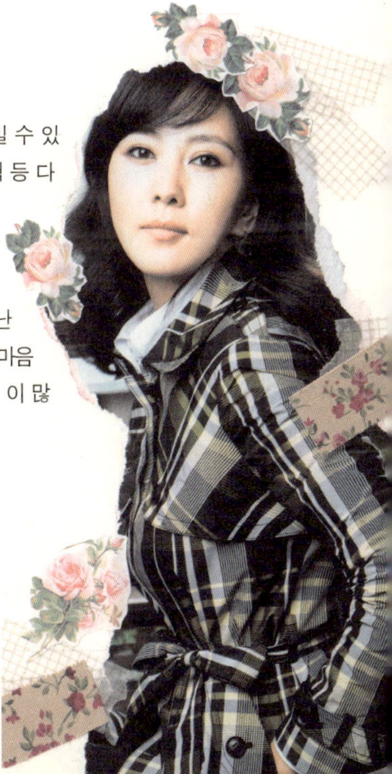

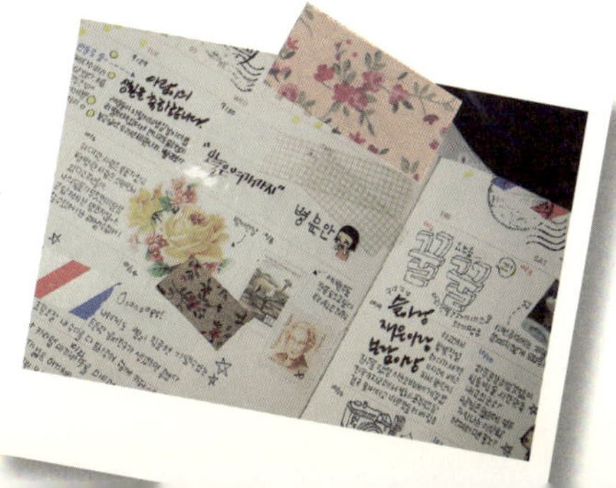

헤수니 다이어리 꾸미기 블로그를 운영하면서 가장 많이 받은 질문 중에 하나가 '다꾸 아이디어 얻는 법'이에요. 하지만 헤수니가 아이디어를 얻는 방법을 한 가지로 잘라 말하기는 어려워요. 헤수니는 머리의 90%가 다꾸로 채워져 있기 때문에 하루 종일 '어떻게 하면 다이어리를 더 예쁘고 창의적으로 꾸밀 수 있을까' 하는 생각을 하고 있거든요. 게다가 헤수니는 아직 풋내기 디자이너랍니다. 그러다보니 더 많은 노력이 필요할 수밖에 없답니다.

그래도 굳이 헤수니만의 노하우를 물으신다면, 헤수니는 다른 사람이 쓴 다이어리나 그림, 그리고 문화생활을 자주 보고, 하고, 느끼려고 노력해요. 문화생활은 그림에 한정짓지 않고 영화나 음악, 쇼핑 등 다양한 경험을 하려 하는데, 그때마다 다이어리나 수제스티커와 연관지어 생각하고 고민한답니다. ^^

아무런 경험이나 노력 없이 책상에 앉아서 다이어리를 폈을 때나 '오늘은 무엇을 그릴까' 고민한다면 절대로 발전할 수 없답니다. 헤수니도 그런 경험이 정말 많거든요. 아무 생각 없이 무턱대고 펜을 잡았다가 몇 시간을 그 자세로 앉아 있었던 적이 한두 번이 아니에요. 그러다 보면 결국 딴 짓을 하기 십상이죠. 그림은 '아, 지금부터 그림을 그려야지' 하면서 그리는 게 아니라고 생각해요. 평소에 경험하는 모든 것과 머릿속에 떠오르는 모든 생각을 그림과 연관지어 생활하고 생각하는 게 중요하죠. 헤수니도 이제는 그런 일이 습관이 되었답니다.

아직도 어떻게 해야 할지 모르겠다구요? 그러면 혜수니가 간단한 방법을 몇 가지 알려드릴게요.

첫 번째는 다른 사람이 다이어리 꾸민 걸 많이 보세요! 마음에 드는 다이어리를 하나 모델로 정하고 그 다꾸 방법을 닮아가기 위해 노력해보세요. 그 사람이 어떻게 다이어리를 꾸몄는지 살펴보고, 글씨도 똑같이 써보고, 비슷하게 꾸미려고 노력해보세요. 그러면 그 다꾸 스타일을 닮아가게 된답니다. 여기서 중요한 건 무조건 똑같이 하기보다는 나만의 방법을 약간 더해 응용하시는 거예요. 나만의 다이어리에는 나만의 색깔이 담겨야 하니까요.

두 번째는 잡지나 그림 관련 책을 많이 보세요. 혜수니도 잡지나 책을 많이 보는데, 새로운 스타일의 그림이나 표현법이 눈에 띌 때면 '이건 어떻게 했을까' 고민하고, 따라 그려보기도 하며 하나씩 배워나간답니다. 이 방법은 시간과 노력을 투자한 만큼 보람이 있는 확실한 방법이랍니다.

세 번째는 새로운 방법을 직접 생각해보라고 말씀드리고 싶어요. 다른 사람이 한 다꾸 방법을 그대로 쫓아하기보다는 내 마음 가는 대로 꾸며보세요. 내 머릿속에서 나온 생각으로 꾸민다면 그보다 멋진 일이 어디 있겠어요? 그러기 위해서는 무엇이든 많이 보고, 느끼고, 생각해야 한답니다. ^^

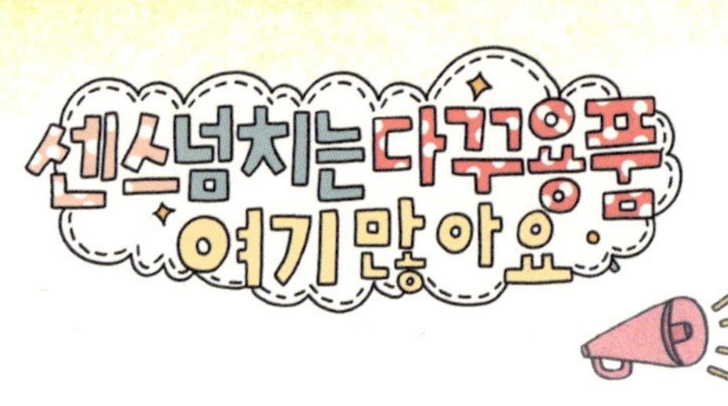

헤수니가 다니던 학교는 시내에서 1시간 거리에 있었어요. 그래서 일주일에 한 번씩은 1~2시간씩 버스를 타고 다꾸 용품을 사러 나가곤 했답니다. 무작정 서울에 가면 다꾸 용품이 많겠지 생각했던 거죠. 하지만 마음에 드는 다꾸 용품을 찾는 일은 생각만큼 쉽지 않았어요. 어디서 어떤 다꾸 용품을 파는지 몰라 헤매기도 많이 했던 것 같아요. 그렇게 찾아낸 곳들, 그 동안 헤수니 혼자 꽁꽁 숨겨두고 몰래몰래 다녔던 헤수니만의 다꾸 비밀장소 몇 곳을 소개해드릴게요!

영등포 타임스퀘어

영등포 타임스퀘어에 있는 교보문고 핫트랙스에 가면 다양한 다꾸 용품을 만날 수 있어요. 핫트랙스뿐만 아니라 아트박스와 다른 팬시점도 함께 있어서 한꺼번에 많은 다꾸 용품을 구경할 수 있답니다. 타임스퀘어는 다양한 상점들이 한 건물 안에 있는 복합문화공간이에요. 하루 종일 구경해도 시간이 부족할 정도로 많은 상점들이 입점해 있답니다. 이곳은 헤수니 블로그에서 가장 많이 소개했던 곳이기도 한데요, 다꾸를 하기 위해서는 반드시 가봐야 할 곳이랍니다!

코엑스몰

코엑스몰은 너무 유명하죠. 핫트랙스 구경을 하고 싶을 땐 영등포 타임스퀘어에 가지만 전반적인 모든 것을 구경하며 하루 종일 즐기고 싶을 때는 코엑스몰로 향합니다. 코엑스몰에는 다꾸 용품뿐만 아니라 사무 용품점도 다양하게 들어서 있어서 볼거리가 무궁무진하답니다. 서점, 음식점, 팬시점은 물론, 공연도 자주 하죠. 요즘도 주말엔 코엑스몰에 가서 다꾸 용품도 구경하고, 공연도 보고, 쇼핑도 하며 시간을 보낼 때가 많답니다.

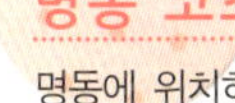

명동 코즈니

명동에 위치하고 있는 코즈니는 외국에서도 유명세가 있는 곳이라 외국인들도 많이 방문하는 곳이에요. 넓은 공간에 다양한 팬시, 문구, 의류, 리빙 소품들이 가득하고 분위기도 좋아서 데이트하기도 좋답니다. 우리나라 팬시제품도 있지만 디즈니 관련 팬시용품이나 기발한 아이디어 상품들도 많아서 2~3시간 쇼핑에도 전혀 지루하지 않아요.

홍대 앞 호미화방

홍대 앞에는 미술 관련 화방이 참 많아요. 그중 가장 큰 규모를 자랑하는 호미화방은 혜수니가 고등학교 때부터 자주 가는 곳이에요. 그림 그릴 때 필요한 마카나 색연필, 파스텔 등 채색 관련 제품들은 다 호미화방에서 구매를 하고 있어요. 또 호미화방에서는 다양한 지류도 판매하고 있어서, 편지지나 기념선물 포장, 다른 수제 응용작을 만들 때 필요한 다양한 재료와 지류는 거의 여기서 구매하고 있답니다.

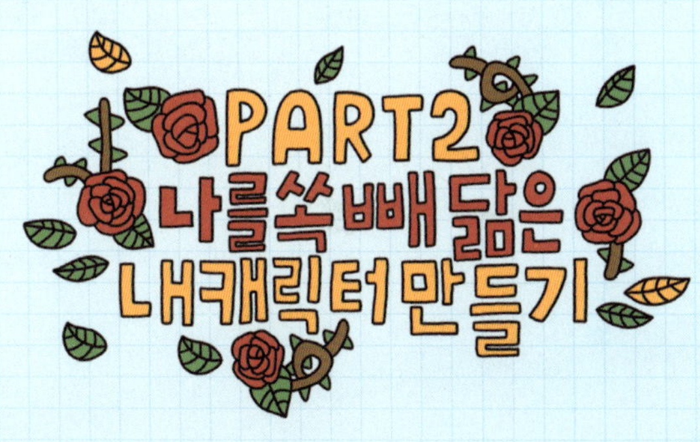

헤수니 다꾸의 가장 큰 매력은 나만의 캐릭터에 있답니다.

나를 쏙 빼닮은 캐릭터 만드는 법, 헤수니와 함께 단계별로 배워보세요!

처음에 다이어리를 꾸밀 때는 여러 가지 스티커를 많이 활용했답니다. 그러다가 나만의 다이어리를 갖고 싶다는 생각에 캐릭터를 만들기로 결심했어요. 나를 쏙 빼닮은 캐릭터로 꾸민 나만의 다이어리, 정말 매력 있지 않아요?

헤수니 캐릭터의 탄생배경

내 캐릭터는 무엇보다 나를 쏙 빼닮아야 하잖아요? 게다가 헤수니는 개인적으로 예쁜 캐릭터에는 별 매력을 못 느끼는 스타일이죠. 그래서 내 모습의 장점과 단점을 강조하고 부각시켜서 캐릭터를 만들어야겠다고 생각했답니다.

헤수니 캐릭터는 한번에 딱 완성시킨 게 아니라 계속 발전하고 있답니다. 헤수니가 계속 변화하고 있으니 당연한 일일지도 모르죠. 하지만 변하지 않는 한 가지, 예쁘고 귀여운 캐릭터보다는 한눈에 헤수니라는 것을 알 수 있게 그리려고 노력하고 있어요.

1 헤수니의 모습을 그대로 표현한 캐릭터를 만들어보기로 마음먹고 맨 처음에 만든 헤수니 캐릭터예요. 헤수니의 모습을 익살스럽고 과장되게 표현하려고 노력했죠. 긴 웨이브 머리와 굵은 앞머리 뽕, 길고 가는 눈과 진한 아이라인까지……. 헤수니의 모습을 쏙 빼닮으면서도 재미있게 표현하려고 노력한 캐릭터랍니다. 헤수니 블로그를 오픈할 때 이웃님들께 소개된 헤수니 캐릭터! 지금 봐도 헤수니와 많이 닮은 것 같아서 애정이 가요. 흐흐

2　처음 헤수니 캐릭터를 만들었을 때는 선을 많이 사용했기 때문에 한번 그리려면 시간이 많이 걸렸어요. 그래서 색과 선을 단순화해서 캐릭터로서의 느낌을 강화했답니다. 하지만 여기서도 헤수니의 느낌만은 그대로 표현했어요. 첫 번째 캐릭터보다 살도 약간 통통하게 넣어서 귀여운 느낌을 살렸더니 개성과 귀여운 느낌이 함께 살아난 것 같아요.

3　두 번째 캐릭터를 만들고 한참 후에 만들게 된 세 번째 캐릭터예요. 짧은 시간 헤수니 다이어리에 등장했지만 새로운 느낌을 많이 받은 캐릭터예요. 다른 캐릭터보다 눈에 많은 정성을 기울였다는 것이 보이시죠? 얼굴이 고양이 상이라는 말을 많이 들어서 고양이 느낌을 살려본 캐릭터랍니다.

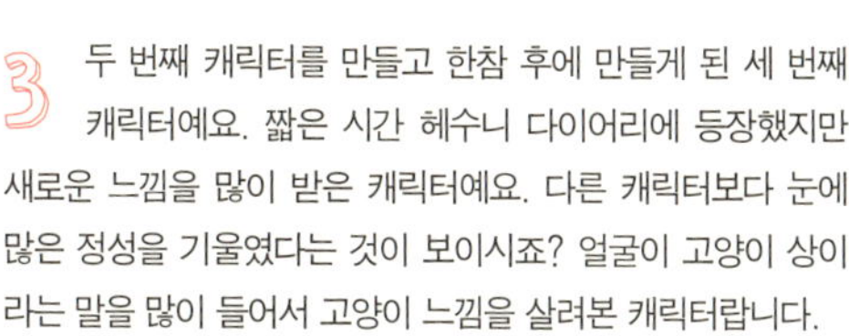

헤수니 캐릭터의 특징

헤수니 캐릭터는 헤수니를 많이 닮았어요. 헤수니는 동그란 앞머리 '뽕'을 하고 굵은 펌을 하고 있는 20대 아가씨랍니다. 호호~ 그리고 쌍꺼풀이 없이 길게 쭉 찢어진 눈과 날렵스런 코, 약간 삐죽거리는 입을 캐릭터에 그대로 담으려고 노력했어요. 특히 강조하는 부분은 눈이랍니다.^^ 그리고 오동통한 몸매를 캐릭터에 그대로 그려 넣어 인간미가 느껴지도록 했죠. 블로그나 팬 카페를 찾는 분들이 헤수니 캐릭터를 보시면 "저랑 많이 닮아서 너무 좋아요!"라는 말씀을 자주 하신답니다. 제 캐릭터를 통해서 이웃들과 공감대를 형성할 수 있다는 것이 너무 좋아요. 예쁜 캐릭터는 아니지만 왠지 정이 가는 캐릭터라서 그런가보다 하고 생각하고 있답니다. 가끔 일러스트로 등장하는 행동과 모습도 헤수니의 모습을 그대로 표현하고 있답니다. 한마디로 헤수니 캐릭터는 실제 저와 비슷하답니다!!

4 캐릭터를 조금씩 단순하게 만들어가고 있어요. 길쭉한 눈이라고 해서 똑같이 표현하기보다는 예전과 다르게 표현하여 느낌을 더 강조해봤어요. 익살스럽고 엉뚱한 매력을 표정과 행동에 표현하려고 애썼답니다. 시크한 표정이지만 행동은 우스꽝스러운 캐릭터로, 표정이 재미있어서 인기가 많답니다.

5 최근 가장 오래 헤수니를 대신한 캐릭터예요. 이 캐릭터를 보면 인중을 강조했다는 걸 한번에 알 수 있죠. ㅎㅎ 재미있는 요소를 더하기 위해 과장된 표현법을 사용했답니다. 표정과 얼굴 생김새를 과장해서 만화적으로 표현하려고 노력했어요. 일러스트 느낌을 강하게 표현하니 다이어리에 다양하게 응용할 수 있어서 너무 좋답니다.

6 다섯 번째 캐릭터를 좀더 어른스럽고 분위기 있게 바꾼 캐릭터예요. 이미지를 확 바꾸기보단 조금 섬세하게 표현했다고 해야 하나……. 살을 더 붙인 캐릭터랍니다. 다섯 번째 캐릭터와 함께 그리면서 다이어리를 꾸몄어요. 평소 얼굴에 볼살이 많은 걸 너무 좋아해서 그 느낌을 살리면서 헤수니의 분위기가 나도록 표현했답니다.

7 지금 현재 헤수니의 캐릭터랍니다. 오동통한 몸에 멍한 표정을 짓고 있는 헤수니에요. 내 마음에 드는 캐릭터도 좋지만 모든 사람에게 사랑받는 캐릭터를 그려보고 싶어서 좀더 귀엽게 그려봤죠. 이 캐릭터는 웃기도 하고, 인상도 쓰고, 가끔 시크한 표정도 짓지만 멍한 표정을 자주 하며 엉뚱한 느낌을 주로 표현하고 있어요. 앞으로는 헤수니 캐릭터가 어떻게 바뀔지 모르지만 현재 헤수니의 모습을 가장 잘 표현하고 있는 캐릭터예요!

캐릭터를 그리고 싶은데 잘 안 돼서 고민하는 분들께 헤수니가 몇 가지 팁을 알려드릴게요. 우리에게 다양한 그림체가 있는데, 그 중 하나가 캐릭터예요. 캐릭터를 그리는 방법은 정말 다양하지만 거기에는 몇 가지 공통점이 있답니다. 헤수니가 알려드리는 팁을 이용해서 자신만의 캐릭터를 만드신다면 더 멋진 캐릭터를 제작하실 수 있을 거예요. ^^

라인이 단순해야 한다

캐릭터는 단순한 라인으로 그려야지 가장 캐릭터답다고 느껴진답니다. 많은 선이 들어가면 실제와 너무 비슷해지는 경향이 있어요. 그래서 헤수니도 첫 작업을 할 때는 당양한 선을 사용하지만 캐릭터를 완성할 때쯤엔 하나의 선으로만 작업을 해요. 단순하게 그릴수록 더 만화 같은 그림체가 될 거예요.

자신의 개성을 표현해야 한다

헤수니가 가장 중요하게 생각하는 것이 자신의 개성을 표현하는 것이랍니다. 캐릭터가 예쁘고 귀여우면 누구나 좋아하겠지만, 세상에는 예쁘고 귀여운 캐릭터가 너무나 많잖아요. 이제 예쁘고 귀여운 건 베이스! 거기서 한 발 더 나가 앞으로는 자신의 개성을 표현한 캐릭터가 많이 등장할 것이고, 주목을 받을 거예요. ^^ 그 개성은 자신이 추구하는 방향이나 성격을 반영하면 된답니다.

표정 변화가 용이해야 한다

캐릭터는 실제로 살아 숨쉬는 그림이에요. 감정도 갖고 있고 자신을 표현할 줄도 알죠. 캐릭터는 사람과 마찬가지로 표정과 행동이 있답니다. 표정이 다양하면 다양할수록 캐릭터는 더 살아나죠. 이처럼 다양한 표정을 쉽게 그려내기 위해서는 간단한 얼굴형과 단순한 스타일의 캐릭터를 만들어야 한답니다. ^^ 만약 머리카락도 하나하나 그려야 하고 얼굴에 표현해야 할 요소도 많다면 그 캐릭터가 지을 수 있는 표정에는 한계가 있을 수밖에 없답니다. 그러니 꼭 필요한 포인트만 주는 형식으로 캐릭터를 그려주는 게 좋아요. ^^

응용할 수 있는 그림이어야 한다

캐릭터는 다양한 곳에 응용이 가능합니다. 노트에도 들어가고 다이어리, 편지, 핸드폰 배경화면 등 무궁무진하게 다양한 곳에 캐릭터가 사용되죠. 캐릭터를 설정할 때 가장 중요한 것은 이처럼 다양한 곳에 응용할 수 있어야 된다는 거예요. 그래야 그 캐릭터를 알리기도 쉽고, 캐릭터의 성격도 더 자유롭게 표현할 수 있으니까요.

나와 꼭 닮은 캐릭터를 만들려면 대상의 개성을 표현하는 법부터 연습해야 한답니다. 내 캐릭터 만들기는 그 다음 과정이라고 할 수 있죠. 그럼 캐릭터 그리기 기본기를 배워볼까요? 그리기 과정을 차례로 따라 하다보면 어렵지 않게 완성할 수 있을 거예요.

동물 캐릭터

1 동물을 귀엽고 개성 있게 표현하면 멋진 캐릭터를 완성할 수 있어요. 동물은 얼굴형이 다양하기 때문에 그 동물의 형태를 관찰하고 단순화시키면 된답니다.

2 얼굴에는 살짝 표정을 담아주세요. 특히 눈에 신경 써주세요.

3 몸도 단순화시켜 그려보세요.

4 곰을 그리고 갈색으로 컬러링을 해주었어요.

5 눈과 코를 컬러링하면 쉽게 완성할 수 있어요.

6 볼터치와 그림자를 넣어주면 더 효과적이에요. ^^

개성 있는 캐릭터

1 자신의 얼굴형에 맞춰서 얼굴을 그려주세요.

2 개성 있는 캐릭터이기 때문에 눈, 코, 입은 제한을 두지 말고 마음대로 그려주세요. 눈이 가는 사람은 더 과장되게 쭉 찢어주시고, 입술이 도톰하다면 더 도톰하고 푸짐하게 그려주세요.

3 머리부분은 최대한 단순하게 작업해야 캐릭터가 더 단순해 보여요.

4 몸과 얼굴의 비율은 1:1로 그려주세요.

5 옷을 섬세하고 자세하게 그려주면 캐릭터가 더 살아난답니다.

6 얼굴 위주로 채색에 들어갑니다. 얼굴색을 설정할 때는 자신의 피부타입을 생각해보시면 도움이 되겠죠?

7 머리는 검은색으로 칠해줍니다.

8 전체적으로 단순한 컬러를 설정해서 칠해주는 게 채색의 포인트랍니다.

9 볼터치를 하면 더 귀여운 느낌을 줄 수 있어요.

귀여운 캐릭터

1 귀여운 캐릭터를 그리고 싶다면 얼굴형은 되도록
동그랗게 그려주세요.

2 얼굴형에 맞춰서 눈도 동글동글하게……．

3 머리는 되도록 단순하게 작업합니다.

4 귀여운 캐릭터는 몸을 나누지 않고 합쳐서 1:1
비율로 해주면 더 효과적이에요.

5 옷에 간단한 장식을 해주세요.

6 색은 얼굴부터 칠해줍니다.

7 머리부분은 검은색으로 정했어요.

8 귀여움을 강조하는 색으로 귀여운 느낌을 한층
더 높여주세요.

9 컬러링이 완성되었네요. ^^

10 볼터치를 해줘도 예뻐요.

단순한 캐릭터

1 단순한 캐릭터를 그릴 때는 선을 단순하게 한번에 그어주는 게 포인트예요.

2 눈은 살짝 점만 찍어줍니다.

3 머리도 단순하게 한번에 스윽 그려주세요.

4 팔과 손은 단순하게 그리되, 어느 정도 비율은 맞춰주는 게 좋습니다.

5 다리도 마찬가지로 단순하게 작업합니다.

6 얼굴색을 정한 뒤 컬러링을 합니다.

7 검은색뿐만 아니라 다양한 색으로 컬러링을 해보세요. ^^

8 캐릭터 컬러링을 할 때는 최대 3가지 색상을 넘지 않는 게 보기 좋아요.

9 볼터치를 해주면 완성됩니다!

얼굴형에 따른 기본 캐릭터 설정법

캐릭터 그리기의 첫걸음은 얼굴 그리기죠. 그럼 얼굴 그리기의 첫 단계는 뭘까요? 바로 얼굴형이랍니다. 일단 얼굴형이 제대로 나와줘야 나랑 비슷한 캐릭터가 만들어지지 않겠어요? 거울을 자세히 들여다보며 내 얼굴형의 특징을 한마디로 말해보세요.

길다

긴 얼굴형을 캐릭터로 그리려면 좀더 과장되게 표현하는 게 재미있어요. 아예 오이처럼 길쭉하게 그려볼까요?

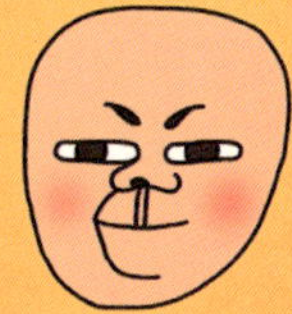

이마가 넓다

이마가 넓을 때는 얼굴 위쪽은 넓게, 아래로 내려오면서 점점 좁아지게 그려주세요. 이마가 넓은 캐릭터는 정말 귀엽답니다.

둥글다

둥근 얼굴형은 정말 많죠. 그리고 가장 그리기도 쉬워요. 그냥 쓱 둥그렇게 그려주면 끝이에요.

얼굴이 각지다

얼굴이 약간 각이 지게 생겼다면 일부로 좀더 각지게 표현하는 것이 재미있어요. 한 8각형 정도 그려보세요.

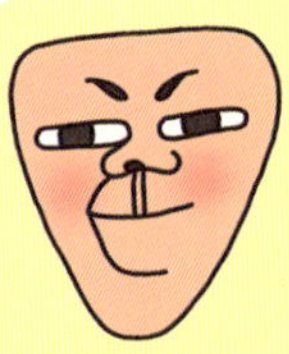

역삼각형이다

이런 얼굴형을 갖고 있는 분들이 의외
로 많더군요. 이런 얼굴형은 개성을 표
현하기가 정말 쉽죠. 얼굴형만 그려놔
도 누군지 알 것 같지 않나요? ^^

광대뼈가 튀어나왔다

광대뼈가 튀어나왔다면 이렇게 그려보
는 것도 재미있겠죠? 얼굴에 살이 없는
분들은 살짝 각을 주어도 좋아요.

볼살이 많다

헤수니가 좋아하는 얼굴형은 볼살이 많
은 얼굴형이에요. 볼살을 통통하게 그리
면 귀여운 얼굴이 된답니다. 좀 아기 같
기도 하죠?

달걀형이다

가장 무난한 얼굴형이 달걀형입니다. 역
시 캐릭터로 표현할 때는 정말 달걀처럼
그려주셔야 재미있어요. 히히~

네모지다

얼굴이 네모난 게 콤플렉스라는 분들이
많더군요. 하지만 캐릭터는 항상 과장되
게 그려야 살아난답니다. 실제보다 좀더
네모나게 그려주세요.

넓적하다

좀 넓적하면 어때요? 재미있으면 그만
이지. 이렇게 그려놓고 보니 정말 웃긴
캐릭터가 나올 것 같은 예감이 드네요.

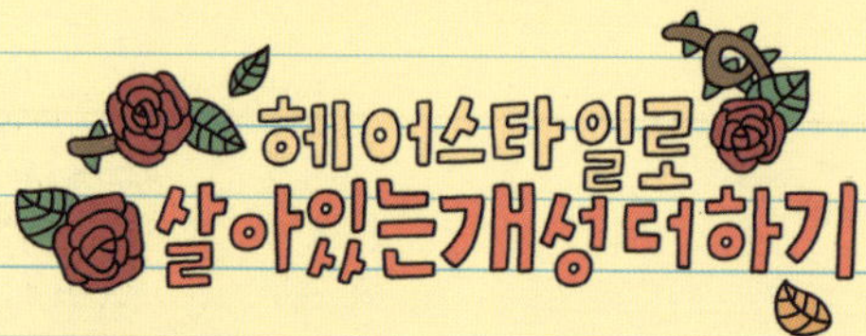

헤어스타일은 얼굴형만으로 부족한 개성을 팍팍 더해주는 멋진 요소랍니다.

똑같은 얼굴이라도 헤어스타일에 따라 전혀 다른 분위기를 내거든요.

헤어스타일에 간단한 액세서리까지, 나만의 스타일을 만들어볼까요?

일반 단발머리

단발머리를 그릴 때는 한 가닥 한 가닥 그리는 것보다 전체적으로 선을 이용해 그려주는 게 편해요. 하나의 색으로 전체를 컬러링해도 좋고, 샘플 그림처럼 색을 나눠서 칠해도 좋답니다.

단발 물결 퍼머 머리

퍼머 머리를 표현할 때는 선을 지그재그로 왔다 갔다만 해도 쉽게 완성된답니다. 헤수니가 퍼머 머리라 유용하게 사용하는 방법이랍니다.

남자 긴 머리

긴 머리를 표현할 때는 안에 패턴을 사용하시면 효율적이고 쉽게 표현할 수 있답니다. 앞머리를 살짝 날려 포인트를 주었어요.

남자 일반 머리

짧은 남자 머리는 정말 쉽죠. 쓱쓱 선 두 개만으로 멋진 스타일이 완성되었죠? 정수리 부분을 과장되게 그려주니 더 재미있어요.

단발 묶은 머리

단발인데 자주 묶고 다닌다면 그 이미지를 캐릭터로 표현하면 돼요. 볼륨을 좀 준 뒤 예쁜 방울을 달아 살짝 정리해주세요.

일반 긴 머리

긴 머리를 표현하는 방법은 많습니다. 완전 긴 머리를 표현하는 방법은 많습니다. 완전 긴 머리를 표현하는 방법은 아니라면 살짝 층을 주어 차분한 스타일이 아니라면 살짝 층을 주어 표현해보세요. 한결 개성이 살아나지요?

똥머리

여자들이 자주 하는 똥머리. ^^ 혜수니도 평소에 자주 하는 머리랍니다. 머리를 동그랗게 그려주고 위에 리본을 해준 뒤 똥머리를 살짝 얹어주세요. 어때요? 좀 비슷한가요?

긴 퍼머 머리

퍼머 머리를 표현할 때는 머리카락의 끝부분을 살짝 꼬아주시면 돼요. 컬러는 원래 자기 머리색에 가깝게 표현해주는 게 더 닮아 보이겠죠?

모자 쓴 머리

평소 모자를 자주 쓴다면 모자 쓴 캐릭터가 나를 표현해줄 수도 있어요. 모자는 자연스럽게 씌우는 게 포인트죠. 자신이 가장 좋아하는 모자를 보며 디자인을 만들어보세요!

기타

사과에 동그라미를 그려주고 그 안에 얼굴을 그려보세요. 정말 재미있는 캐릭터가 된답니다. ^^ 동그란 과일이나 채소는 어떤 것이든 헤어스타일을 대신해준답니다.

내 얼굴에서 가장 눈에 띄는 것은 무엇인가요? 아무리 평범한 얼굴이라도 뭔가 하나는 특징적인 게 있을 거예요. 작은 점이나 주근깨, 안경 등 뭐라도 좋아요. 이런 특징을 부각되게 그리면 캐릭터의 특징이 더 강해집니다.

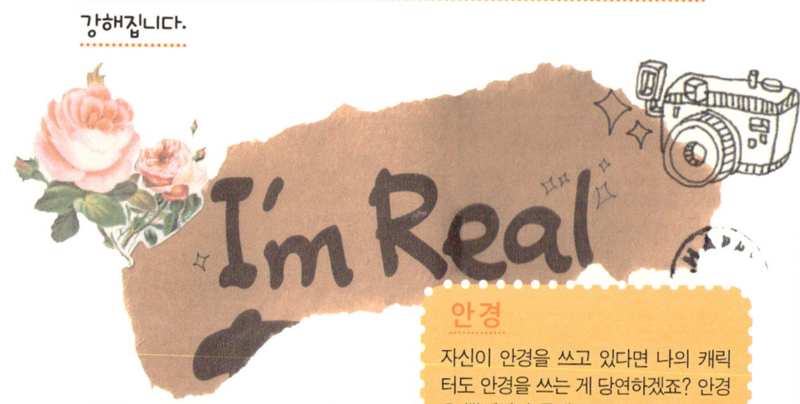

안경

자신이 안경을 쓰고 있다면 나의 캐릭터도 안경을 쓰는 게 당연하겠죠? 안경은 뿔테처럼 두께를 주는 게 그리기 쉽답니다. 눈 주위에 사각형 두 개를 그려준 뒤 색을 채워 완성시킵니다.

점

점은 그 사람을 표현하는 확실한 방법이에요.
나만의 매력점을 캐릭터에도 찍어주세요.

주근깨

볼에 점보다 약한 톤으로 주근깨를 만들어주세요. 빨강머리 앤
처럼 발랄하게, 또는 장난꾸러기처럼 느껴져 정말 귀여워요.

쌍꺼풀

동그란 눈에 쌍꺼풀까지 있다면 정말 순정만화의 주인공
이 될 수도 있어요. 인상에 따라 쌍꺼풀도 정말 다양하게 표
현된답니다. 눈을 그리고 위에 한 줄만 쏙 그어주면 바로 쌍
꺼풀이 완성돼요. ^^

덧니

덧니가 있다면 살짝 그려주는 것도 좋
아요. 드라큘라처럼 강한 것보다 살짝
만 그려서 귀엽게 표현해보세요!

머리띠

평소 머리띠를 자주 한다면 캐릭터
에도 머리띠를 해주세요. 머리띠는
리본보다 강한 개성을 표현할 수
있는 아이템이랍니다.

수염

여자라면 캐릭터에 수염을 그릴 일이 없겠지만
남자 캐릭터나 사물 캐릭터를 그릴 때는 유용하
게 사용되는 표현법이랍니다.

치아

치아를 훤히 드러내 보이는 캐릭터도 매력적이랍니다. 웃을 때 치아가 많이
보이는 분들은 캐릭터에도 숨김없이 드러내주세요~

아이라인

요즘 대세는 아이라인이죠!! 아이라인은 쌍꺼풀처럼
눈 위에 선을 그어주고 어두운 색으로 칠해주면 돼요.
나만의 화장법이 있다면 그 화장법으로 캐릭터를 만
들어도 오케이!!

볼살

볼살이 많다면 입꼬리를 살짝 밑으로 내려서
그려주세요. 그림자를 주면 튀어나온 볼살을
더 실감나게 그릴 수 있어요.

똑같은 얼굴이라도 상황에 따라 달라지는 표정 그리기를 연습해두세요.

다이어리에 그날그날의 기분을 표현할 때 정말 유용하게 사용할 수

있거든요. 기분 역시 단순한 라인으로, 조금은 과장되게 그리는 것이

포인트랍니다.

일반표정

사람마다 기본표정은 다르겠지만 일반적으로 아무 표정 없이 그리는 것을 일반표정으로 삼겠습니다. 이때는 눈도 정적이고 입도 정적이게 그리시면 되어요~

웃음

기분이 좋을 때는 입꼬리를 살짝 올리거나 입을 벌려서 혓바닥이 보이게 그려주세요. 정말 기분이 좋아 보이죠?

슬픔

슬픔을 표현할 때는 눈 주위에 눈물을 그려주시면 효과적이랍니다. 이건 많이들 해보셨죠? 슬픔의 강도에 따라 눈물방울 숫자를 달리할 수도 있어요.

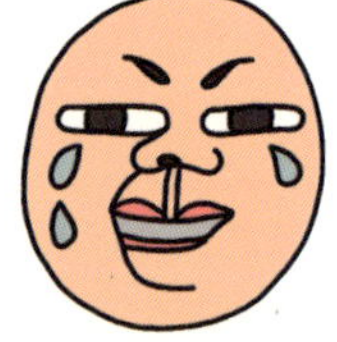

두려움

두려움을 표현하고 싶다면 눈동자는 작은 점을 찍어주시고 눈 밑으로 선을 몇 개 그어주시면 된답니다.

반함

눈에 하트를 '뿅뿅' 그려주면 바로 설레는 표정으로 변신! 완소남을 만난 날은 다이어리에 꼭 그려주세요~

화남

화가 났을 때는 눈썹을 반대로 그려주세요. 그리고 입을 살짝 처지게 그려주면 더욱 효과적이죠.

맛있다

입 주위에 물방울 하나만 그려주면 침을 흘리는 표정으로 바뀐답니다.

멍 때림

어딘가를 주시하는 흔들림 없는 눈동자, 여기에 꾹 다문 입술만 그려 넣으면 아주 쉽게 표현이 가능해요.

짜증

짜증난 얼굴을 표현하고 싶을 때는 눈, 코, 입을 가운데로 모아주고 눈 주위에 인상을 그려주세요.

와우!

완전 신나는 환호! 가끔 이런 표정을 그릴 일이 있답니다. 그럴 때는 눈을 3개의 선으로 표현해주시면 돼요.

동물이나 과일, 사물로 표현하는 이색 캐릭터

캐릭터를 꼭 사람으로 그려야 할 필요는 없어요. 자신이 특별히 좋아하는 동물이나 사물이 있다면 바로 그것을 캐릭터로 활용해도 좋아요. 나와 비슷한 성향을 가진 음식이 있다면 그 역시 오케이! 상상력을 발휘해 다양한 캐릭터에 도전해보세요.

동물

곰

곰 캐릭터는 정말 다양하죠. 단순하게 곰을 그린 뒤에 표정이나 행동으로 나를 나타내보세요.

토끼

분홍색과 귀여움을 표현하고 싶다면 토끼가 딱이에요!!

돼지

내 별명이 돼지라면 진짜 돼지를 캐릭터화해서 나를 표현하는 것도 하나의 방법!

태양

태양에 얼굴을 그리거나 팔을 그려
나의 캐릭터로 활용하기도 해요.

꽃

해바라기가 좋다면 해바라기에
생명을 불어넣으면 돼요.

딱풀

나의 특징을 나타낼 수 있는 사물이 있
다면 그 사물이 내가 되기도 합니다.

사과

사과를 좋아하거나 얼굴이 사과처럼 빨갛다
면 진짜 사과가 되어보세요!

아이스크림

내가 좋아하는 아이스크림도 캐릭터!!

머핀

음식에 얼굴을 그려주면 캐릭
터로 완벽 변신할 수 있어요.

우유

우유에 팔 다리를 그려 넣어주면 정말 귀엽답니다.

다꾸, 어떻게 시작해야 할지 모르겠다구요?

다꾸 테크닉에도 ABC가 있답니다.

이 정도 기법만 익히면 나도 어느새 다꾸 전문가!

깔끔하고 개성있는 글씨쓰기

다이어리 꾸미기의 기본은 글씨 쓰기죠. 글씨는 다이어리의 필수요소인
동시에 가장 간단한 다꾸 테크닉이랍니다. 글씨를 잘 쓰면 다른 장식적인
요소를 최소화할 수 있어 정말 효율적이죠. 똑같은 글이라도 어떻게
쓰느냐에 따라 분위기가 전혀 달라진다는 점을 기억하세요!

말풍선

1 먼슬리에 말풍선을 그려보려고 해요.
2 말풍선에 어울리는 수제스티커를 붙여주었어요.
3 먼슬리 적당한 위치에 글씨를 써줍니다.
4 말풍선을 그려주시면 먼슬리의 한 부분이 완성돼요.
5 주위에 데코를 해주면 더 효과적이에요!
6 수제스티커로 다양한 말풍선을 만들어보세요.
7 이런 식의 응용도 얼마든지 가능하죠.

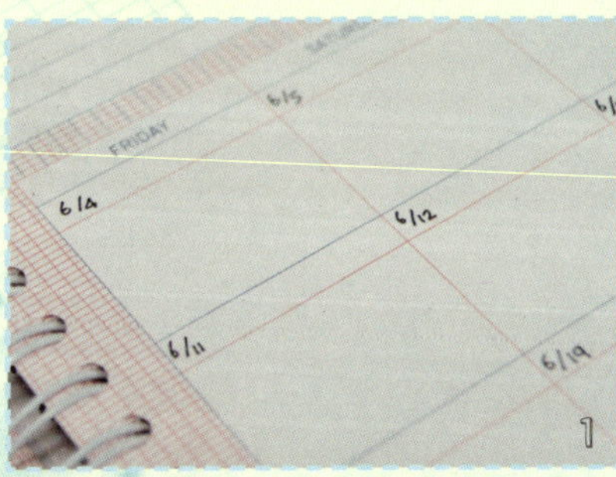

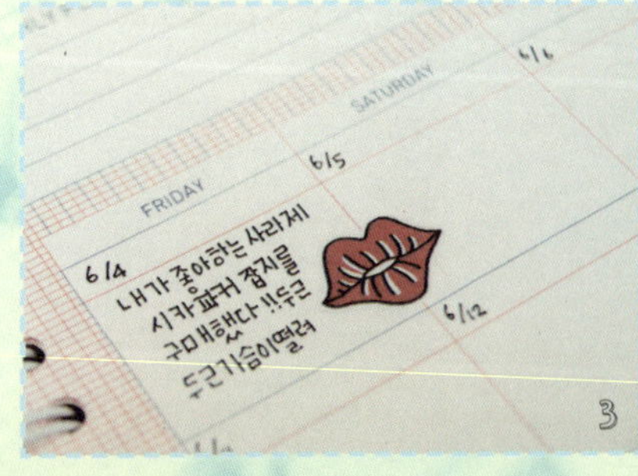

FRIDAY
6/4
6/5
6/12
내가 좋아하는 사라제
시카페커 잡지를
구매했다!!두근
두근가슴이떨려
4

JANUARY FEBRUARY MARCH OCTOBER NOVEMBER
TUESDAY WEDNESDAY
오로라
5입부터 나올거래결
HERA
5

마케롱에디터가
되었어요후후후
4/13
4/16
근데너무성
울결말에당혹
스러웅···
4/14 한강시민공원
밤에 한강시민공원
놀러갔는데,차에서
잠만자고온다···
의눈풀린모습우째,
4/21
4/15
매일계획성있게
생활을해야지!
참사인수면청죽
가끔씩 지나가버
기아창간식

입체 글씨

1 먼슬리 가장자리에다 입체 글씨를 써보려고 해요.

2 비키니 수제스티커를 붙여주었어요.

3 '비키니 원츄'라는 글씨를 쓰는 중이에요. 한 글자 한 글자 정성스럽게 써주세요.

4 처음에 어떻게 자리를 잡느냐가 중요해요.

5 주위 간격을 일정하게 하는 게 포인트랍니다.

6 입체 글씨 완성!

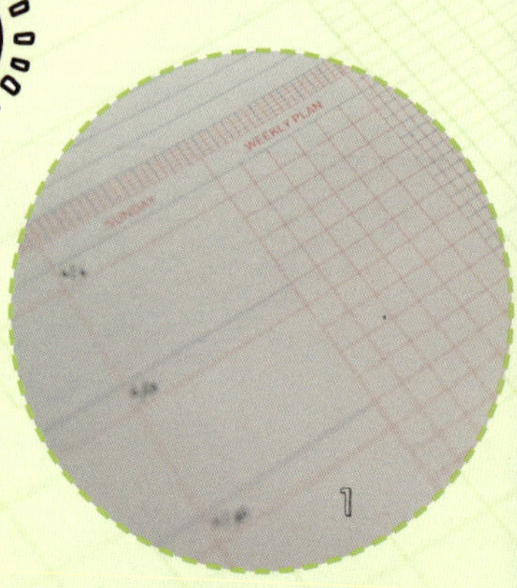

먼슬리 대표 글씨

1. 먼슬리를 쓸 때 가장 대표적인 방법을 알려드릴게요.
2. 먼슬리 칸에 맞추어 글씨를 써내려갑니다.
3. 글씨의 옆줄을 일정하게 맞추지 말고 들쑥날쑥하게 써주세요.
4. 포인트 스티커를 하나 붙여주면 쉽게 완성됩니다!

1

2

3

4

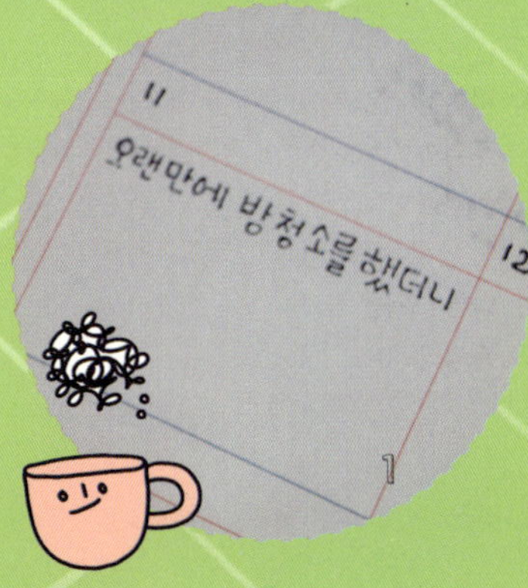

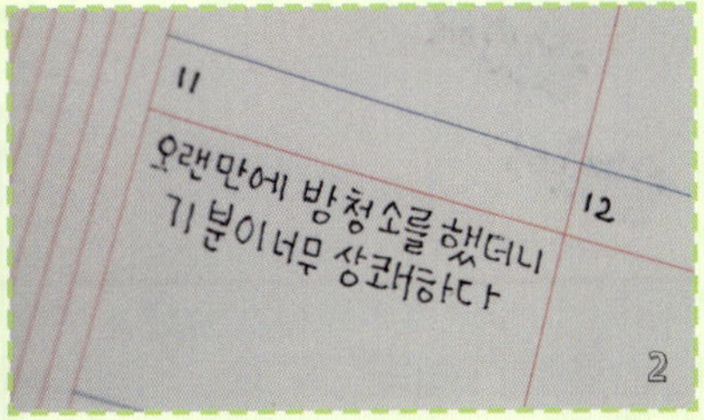

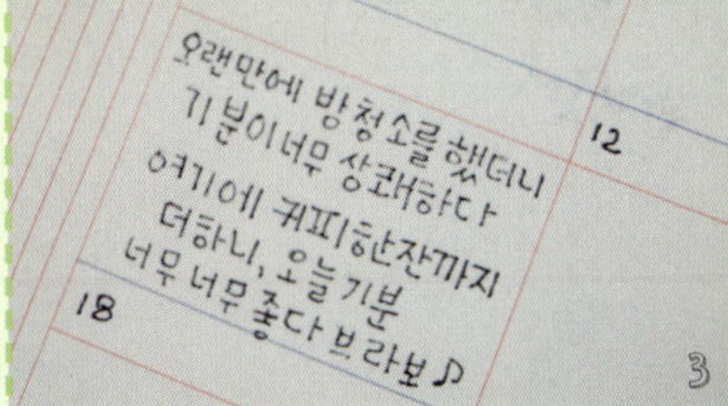

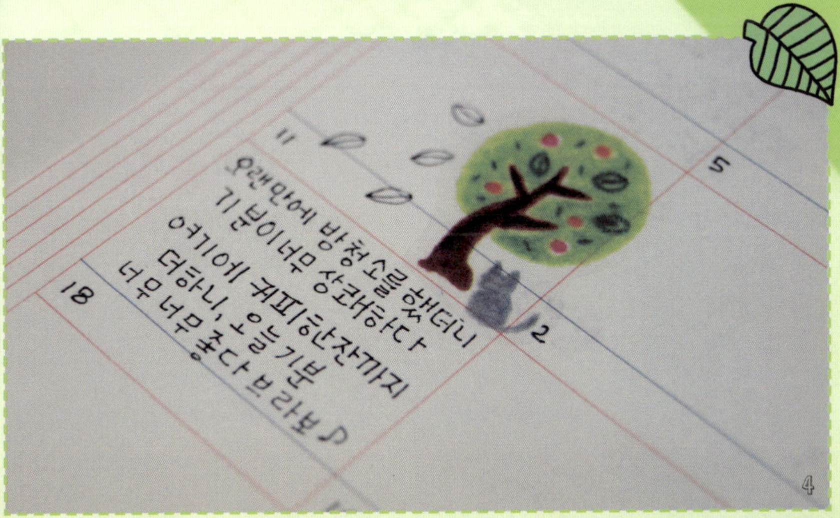

큰 글씨

1 다이어리 쓸 때 밋밋한 게 싫다면 큰 글씨를 써보세요.

2 주위의 칸과 줄에 상관없이 마음 가는 대로 크게 크게 쓰는 게 중요해요.

3 하지만 앞뒤 간격은 일정하게 해주는 게 좋죠.

4 큰 글씨의 폭과 길이가 일정하면 더 예뻐요.

5 다른 내용을 살짝 추가해 전체적으로 완성합니다.

6 완성되었어요!!

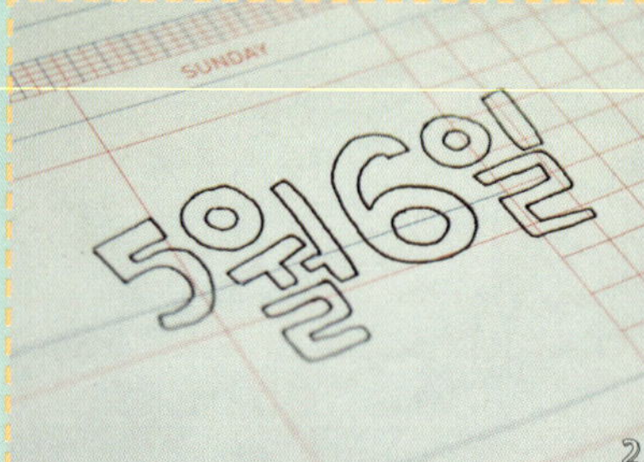

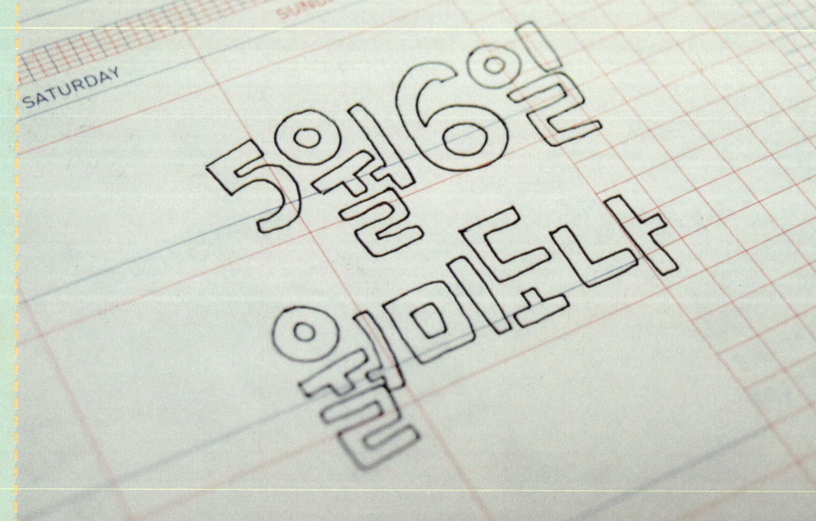

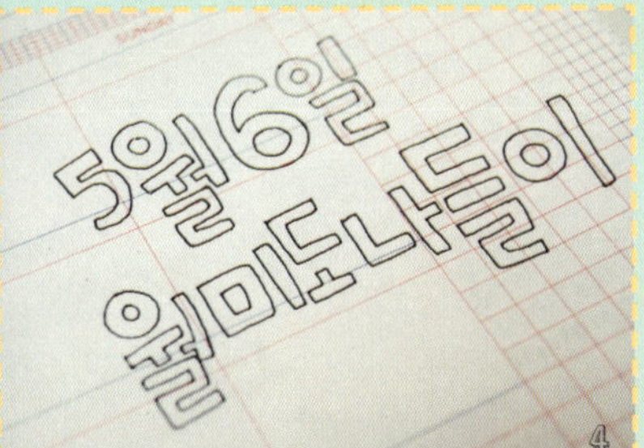

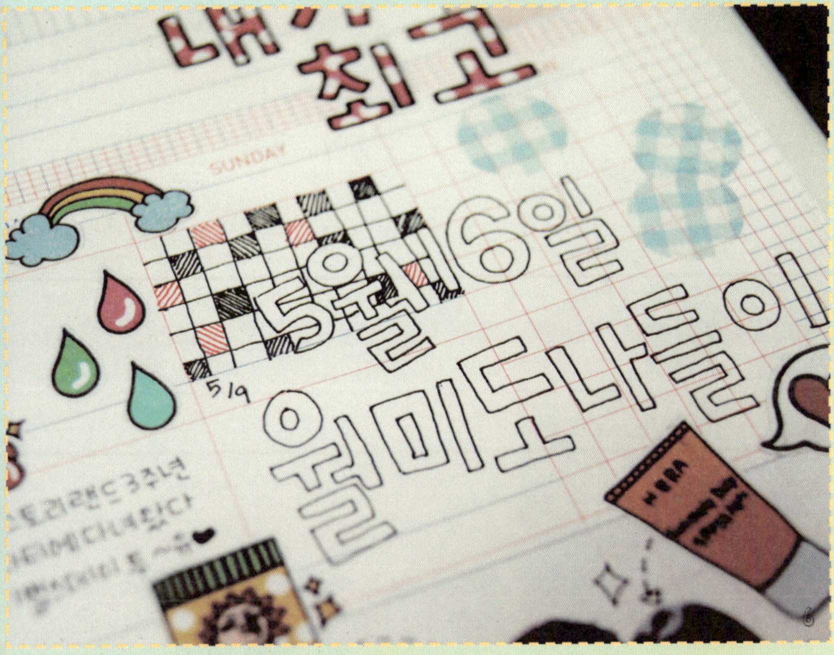

빈티지 글씨

1 빈티지 글씨를 가장 잘 표현할 수 있는 건 펜촉이나 캘리펜인 것 같아요. 헤수니는 펜촉으로 글씨를 써보겠습니다.

2 또박또박 쓰기보다는 흘려 쓰듯 펜을 굴립니다.

3 평소 좋아하는 명언을 써봤어요.

4 붓으로 쓴 느낌이 나도록 노력해보세요.

5 마음에 드는 스티커를 빈 공간에 붙여줍니다.

6 예쁜 스티커 하나 더 붙여주고……

7 완성되었습니다!

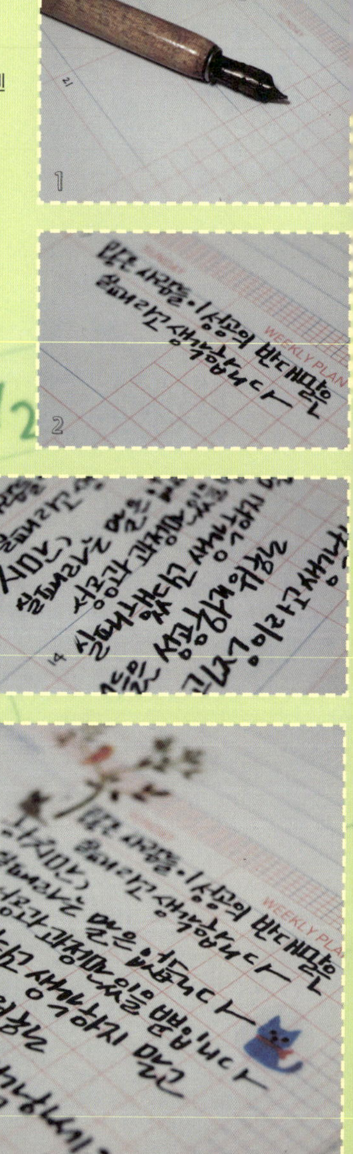

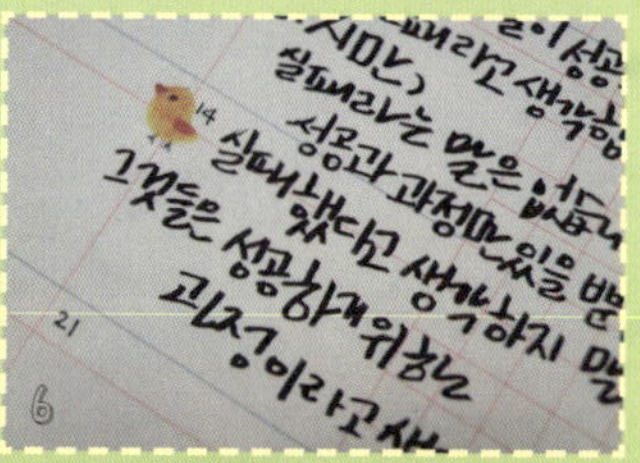

틀렸을 때

1 열심히 쓰다가 틀리면 난감하죠? 그럴 때 필요한 게 수제스티커랍니다.

2 사진처럼 글씨를 썼는데 틀렸다면…….

3 바로 수제스티커를 붙여주시면 돼요.

4 수제스티커를 글씨 위에 붙여줍니다.

5 그때그때 상황에 맞게 다시 내용을 작성해주시면 돼요.

6 헤수니는 말풍선을 그려주었어요. ^^

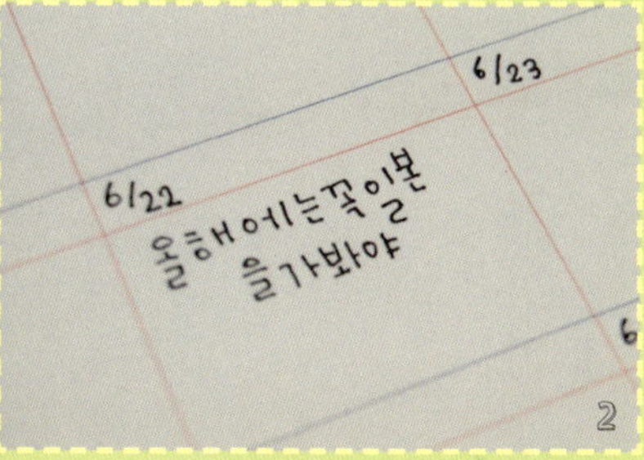

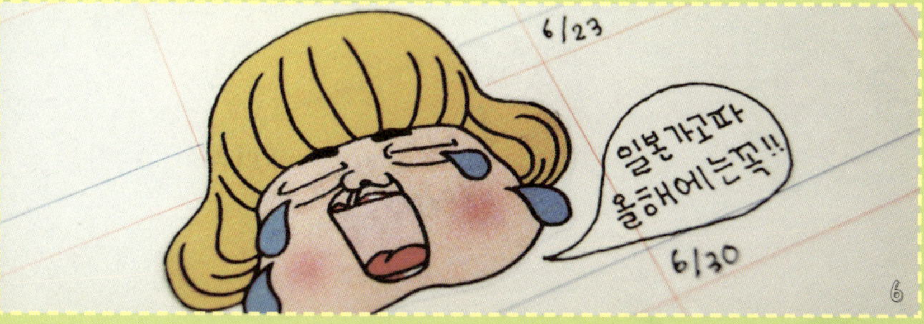

지면을 다채롭게 꾸며주는 그림그리기

그림과 글씨의 적절한 배치

1 먼슬리 왼쪽에 수제스티커를 붙여줍니다.

2 오른쪽 빈 공간에 글씨를 써주세요.

3 주위에 반짝이는 표시를 그려주면 완성돼요. 가장 기본
적인 방법이랍니다.

4 이런 식으로 다양하게 응용할 수 있겠죠?

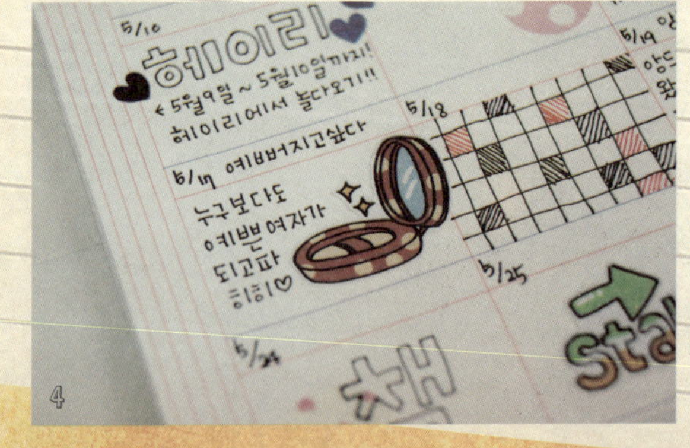

마스킹테이프와 화살표를 이용한 배치

1 먼슬리에 마스킹테이프를 살짝 붙여줍니다.

2 그 위에 장미꽃 수제스티커를 붙여서 분위기 있게 연출해주세요.

3 이때 화살표를 그어주면 훨씬 예쁘답니다.

4 화살표 끝에 글씨를 써주세요.

5 주위에 데코를 해주면 완성됩니다.

6 다양하게 응용해보세요.

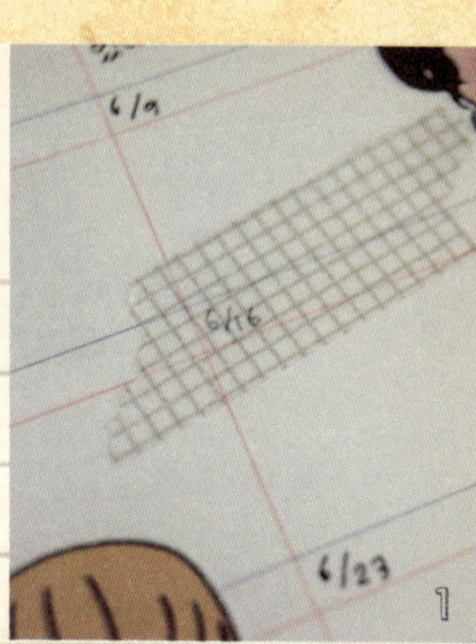

자유롭게 배치

1 수제스티커를 붙여줍니다.

2 주위에 자유롭게 입술 수제스티커를 배치해주세요.

3 먼슬리 칸을 신경 쓰지 않는 게 중요해요!!

4 너무 많지 않게, 전체적인 조화를 확인하면서 붙여주세요.

5 자세히 보여드릴게요. ^^

6 상황에 맞는 큰 글씨를 써주면 더 좋아요.

7 완성되었어요~

6/8
6/20
6/19
6/18
6/27
쪽
6/26
쪽
6/25
보고파
쪽

7
6/19
6/18
쪽
쪽
6/27
쪽
6/26
쪽
6/25
쪽
쪽
보고파
쪽
쪽
쪽

수제스티커로 독특하게꾸미기

수제스티커는 다른 스티커보다 매력과 개성이 강하죠. 내 손으로 직접
만들어서 쓴다는 자부심도 느낄 수 있고요. 무엇보다 실수 없이 데코할
수 있다는 점이 매력인 것 같아요. 예쁜 수제스티커를 만들어두고
사용하세요~

꽃 그림

꽃은 분위기를 단박에 바꿔주는 훌륭한 아이템입니다. 특히 여성스러운 느
낌을 좋아하는 분이라면 강추예요!

날씨 표현

날씨 관련 수제스티커를 만들어두었다가 그 날그날의 날씨나 기분에 맞춰 활용해보세요. 색깔을 다양하게 표현하면 더욱 예쁘답니다.

캐릭터+행동

아이템이나 캐릭터의 행동 등으로 특별한 상황을 표현해보세요. 글씨와 어우러져 한눈에 그날 있었던 일을 알아볼 수 있게요.

감정 표현

앞에서 배운 감정표현법을 활용해 수제스티커를 만들어두세요. 정말 요긴하게 사용된답니다. 다이어리도 한결 귀여워지고요. ^^

나무·식물

나무나 꽃, 나뭇잎 같은 걸 다양하게
그려두면 감수성이 풍부한 다꾸가 가
능해진답니다. 내용과 상관없이 밋밋
한 지면을 채울 때도 도움이 되지요.

캐릭터+말풍선

캐릭터가 담긴 수제스티커와 말풍선을 함께 사용하면 훨씬 사실감 있고 유머러스한 다꾸를 할
수 있어요. 다양하게 응용해보세요~

20 TUESDAY

WEDNESDAY

매우-
인상적인데
좋아요

메모자
쪽지-!!

또다시
힘든시간이 돌아
왔다. 이것을
어떻게 해결해야
하는거지?

스티커는 정말 종류가 다양해요. 직접 손으로 그린 수제스티커부터
마스킹테이프, 포스트잇까지 스티커에 속하죠.
데코스티커를 활용해 다이어리를 화려하게 꾸며보세요.
정말 쉬우면서도 효과는 만점이랍니다.

수제스티커 1

2 스티커 하나를 먼슬
리에 붙이고 그 옆에
글씨를 써줍니다.

1 가장 기본적인 방법
은 스티커와 글씨를
함께 이용해 꾸미는
것이랍니다.

3 허전하지 않게 주위
에 작은 스티커를 붙
여주세요.

5 스티커와 글씨를 함
께 활용해도 좋아요.

6 스티커로만 꾸밀 수도
있어요.

4 좀더 분위기를 내고
싶다면 전체적으로
붙여보세요.

8 비슷한 종류의 스티커를
함께 붙여 재미를 더할 수
도 있어요.

7 스티커로 대화를 나눌 수도
있답니다.

9 스티커로 꾸민 지면의 전체적
인 느낌이에요.

수제스티커 2

1 먼슬리 지면을 펼쳐주세요.

2 마음에 드는 스티커를 먼슬리 위
쪽에 붙여주세요. 크기가 너무 작
지 않은 스티커가 좋아요.

3 스티커 위에 간단한 문구나 그림을
그려주면 효과 두 배!!

4 스티커 모양에 맞춰 글씨를 써나갑니다.

5 헤수니가 붙인 스티커는 긴 원형이라서
   글씨가 위로 향하게 했어요.

6 약 4~5줄 정도 쓰면 먼슬
   리 한 공간이 완성됩니다!

7 중간 중간에 이렇게 다른 느낌을 주시면
   다이어리가 훨씬 예뻐요.

1 마스킹테이프를 살짝 기울여 붙여주세요.
2 마스킹테이프를 하나 더 살짝 어긋나게
   붙여주세요.
3 그 옆에 글씨를 써줍니다.
4 다른 색상의 마스킹테이프를 붙여주면 효과 두 배!
5 빈 공간에 똑 같은 방법으로 꾸며주시면
   전체적으로 조화롭게 보여요.
6 보다 다양한 활용법입니다.

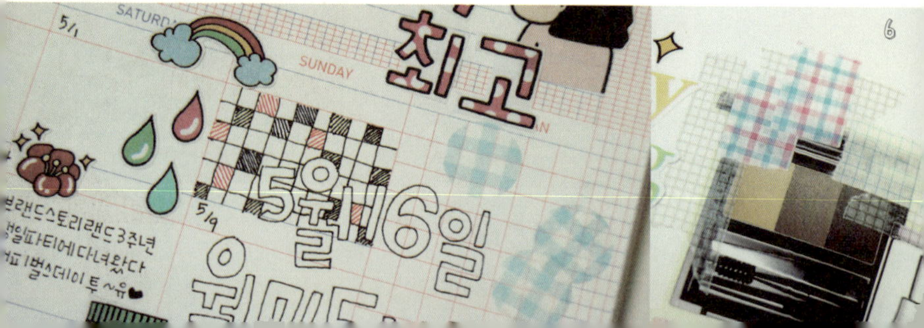

디자인테이프

1　위클리에 빈 공간이 많을 때 사용하는 팁을
알려드릴게요.

2　굵은 디자인테이프를 위클리 중간에 쭉~
붙여줍니다.

3　잡지에서 마음에 드는 사진을 골라서 디자
인테이프 위에 붙입니다.

4　주위에 어울리는 스티커를 붙여주고 간단한
문구를 넣어주면 완성이에요.

포스트잇

1 헤수니가 갖고 있는 포스트잇이에요.
2 색상과 종류가 다양해서 그날그날 기분에 따라 마음에 드는 포스트잇을 골라 쓸 수 있어서 좋아요.
3 오늘은 말풍선 포스트잇을 이용해 꾸며볼게요.
4 먼슬리에 꾸밀 것이기 때문에 사이즈를 작게 잘라 주었습니다.
5 포스트잇에 글씨를 써줍니다.
6 색연필을 이용해서 포스트잇을 예쁘게 꾸며주면 완성!

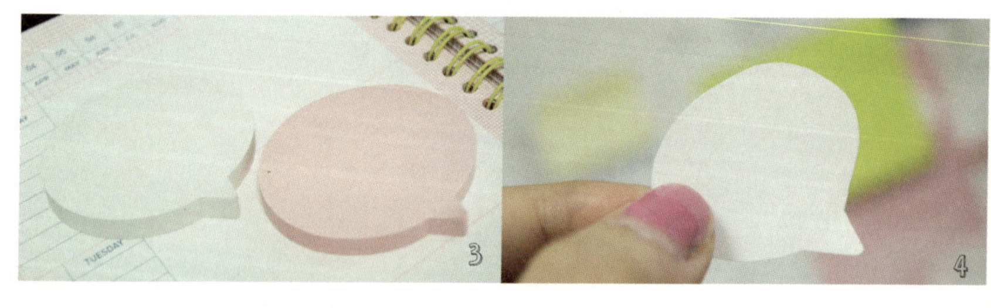

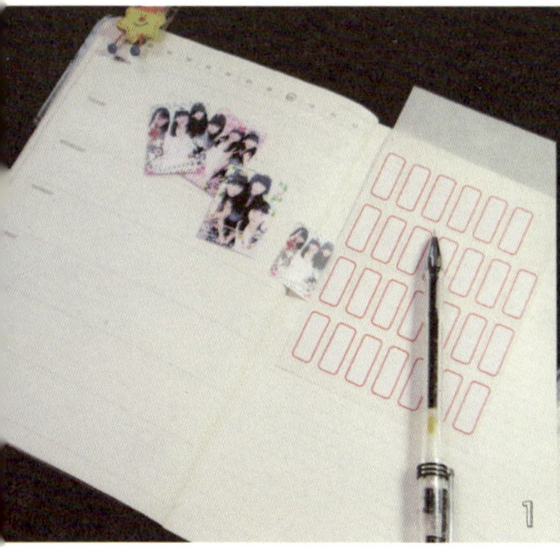

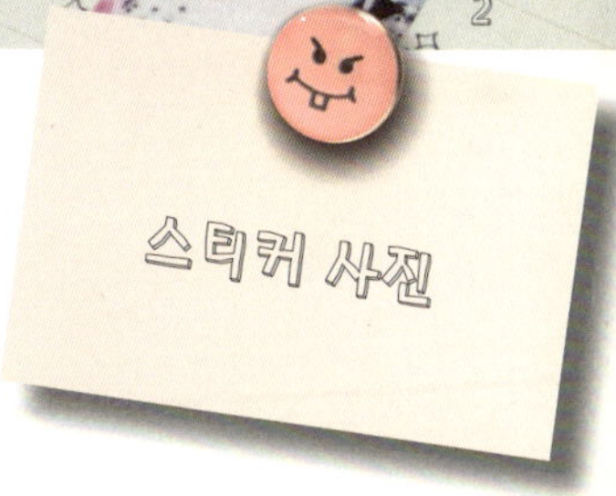

1 스티커 사진은 다이어리 꾸밀 때 정말 유용하게 사용되는 아이템이에요!

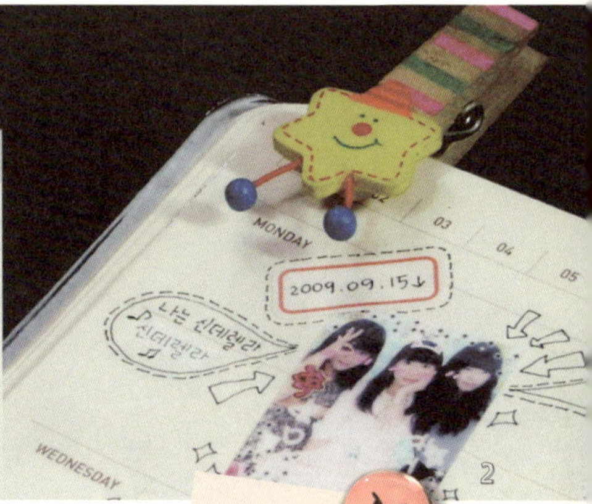

2 먼저 스티커 사진을 붙여줍니다.

3 말풍선을 이용해 꾸며주고 그 옆에 그날 있었던 일을 기록한답니다.

4 스티커 사진 주위에 그림을 그려서 꾸며주기도 해요.

5 스티커와 그림을 그려주면 좀더 재미를 줄 수 있답니다.

6 주위에 간단히 내용을 써주면 완성!

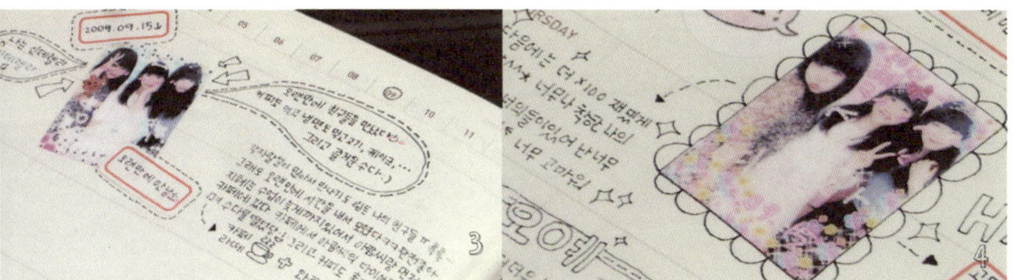

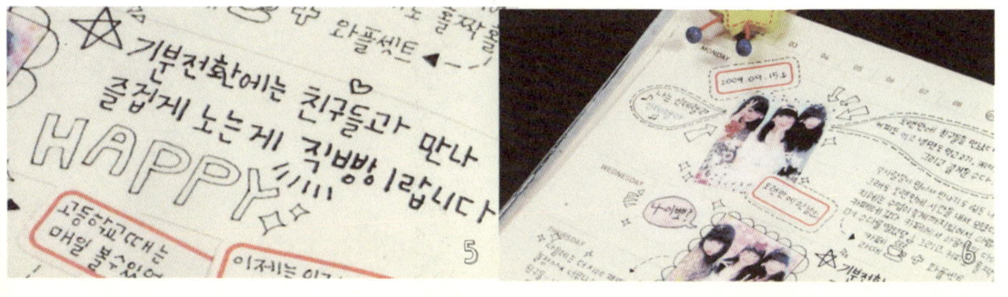

추억을 담기 좋은 기념품 붙이기

입장권이나 영수증 같은 작은 기념품을 붙여 추억을 남겨보는 것은

어떨까요? 혜순이도 자주 그렇게 한답니다. 그럼

복잡하게 설명하지 않고도 추억을 고스란히 보관할 수

이거든요. 잡지 그림을 활용하는 것도 좋은 아이디어죠.

사진

1 사진은 다이어리에 추억을 담기 좋은 아이템이에요!

2 사진을 오른쪽에 붙이고 위에 마스킹테이프를 붙여줍니다.

3 위에 붙인 것과 비슷한 크기로 잘라 아래에도 붙여주세요.

4 왼쪽에 말풍선을 써서 사진에서 이야기하는 것처럼 해주세요.

5 글씨로 다이어리를 채워나갑니다.

6 완성되었어요.

영수증

1 영수증을 이용해 가계부를 꾸며볼게요.

2 가계부도 수제스티커를 이용해 꾸며줍니다.

3 빈 공간에는 수제스티커가 딱이에요.

4 영수증의 중요한 부분만 잘라서 가계부 아래쪽에 붙여줍니다.

5 마스킹테이프로 빈 공간을 채워주세요.

6 완성되었습니다!

밥대신 두부만 먹고
살고싶은데 그럼 혼나
까유? 이번주도 두부짐
이 만만치않네유 T.T
즐겁고 행복한 쇼핑되세요!
www.2001OUTLET.com

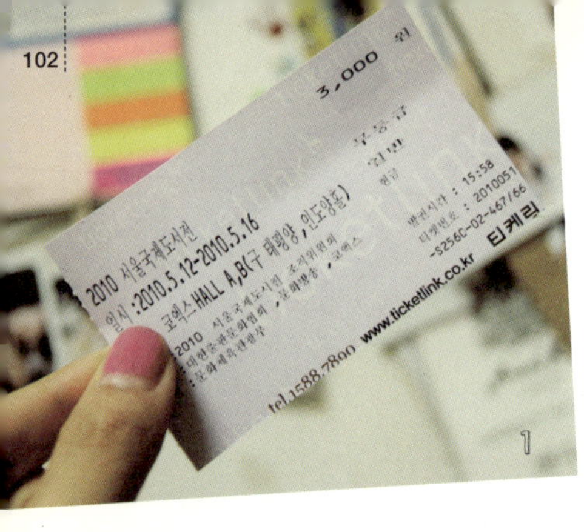

입장권

1 입장권으로 다이어리를 꾸며볼게요.
2 위클리 칸에 맞추어 입장권을 잘라줍니다.
3 입장권과 어울리는 색상의 마스킹테이프를 붙여주세요.
4 대각선으로 붙여주면 안정감이 들죠.
5 꽃 수제스티커를 붙여줍니다.
6 나뭇잎 수제스티커를 주위에 붙여주면 완성!

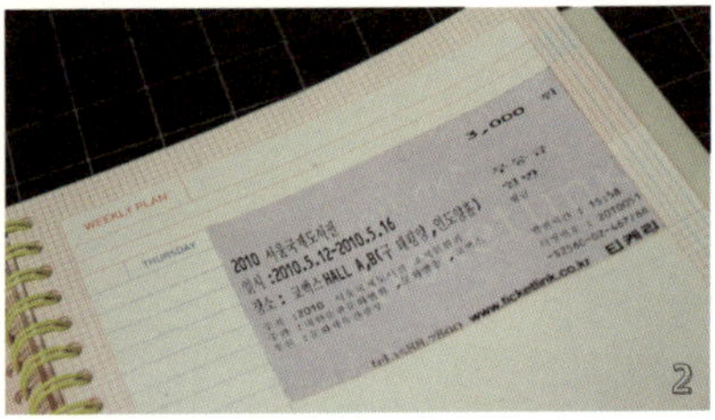

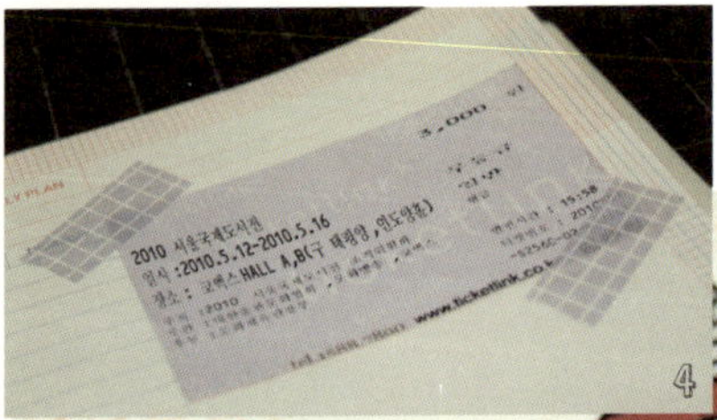

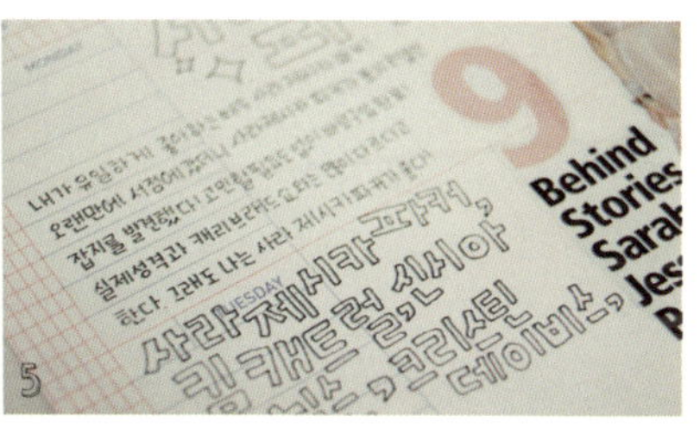

잡지

1 잡지에서 마음에 드는 사진을 오려 준비해주세요.
2 테두리를 예쁘게 잘라주세요.
3 큰 글씨를 먼저 써줍니다.
4 옆에 글씨를 써주면서 다이어리를 채워요.
5 좀더 자세히 볼까요?
6 색연필로 물방울무늬를 그려주세요.
7 완성되었어요.

종이공예기법 활용하기

종이공예에서 사용하는 기법들도 다이어리 꾸미기에 활용할 수 있답니다.

특히 부피가 늘어나지 않는 펀치나 스탬프는 아주 좋은 아이템이죠. 왠지

밋밋하고 심심한 지면이 있다면 한번 시도해보세요. 다이어리 꾸미기가

생각보다 쉽다는 느낌이 드실 거예요.

펀치

1 펀치를 이용해서 종이를 예쁘게 뚫어주세요. 요즘에는 다양한 모양을 뚫을 수 있는 펀치가 정말 많답니다. 가위를 이용해 적당한 사이즈로 잘라주세요.

2 먼슬리에 붙여줍니다.

3 점선으로 데코 부분을 다시 한 번 강조해줘요.

4 그냥 두어도 예쁘고 이렇게 글씨를 써도 좋답니다.

스탬프

1 스탬프의 종류도 정말 많아요. 가장 많이 쓰이는 두 가지 방법을 알려드릴게요.
2 첫 번째 방법은 내 마음대로 스탬프를 찍는 방법이랍니다.
3 먼슬리의 빈 공간 채울 때 유용하게 사용할 수 있어요.
4 너무 많이 사용하는 것보다는 적당히, 적당히……
5 두 번째 방법은 스탬프와 글씨를 함께 사용하는 거예요.
6 내용과 스탬프의 모양이 잘 맞도록 선택해주세요.
7 이런 방법도 괜찮죠?

찢어서 붙이기

1. 다른 재질의 종이를 찢어 붙여서 다이어리를 예쁘게 꾸며볼게요.
2. 하얀색 바탕의 다이어리에는 크라프트지나 노란색 종이가 어울린답니다.
3. 손으로 살살 형태를 잡아가면서 종이를 찢어주세요.
4. 살짝 마스킹테이프를 붙여주고 포인트를 줍니다.
5. 찢어 붙인 종이 위에 글씨를 써주세요. 완성되었어요!!

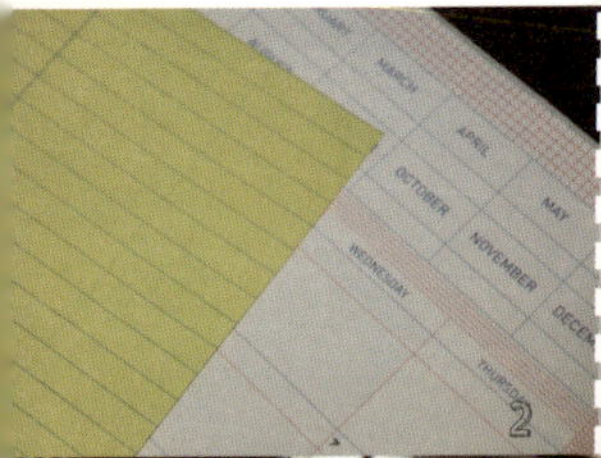

오려 붙이기

1 날짜 오려 붙이를 해볼게요. 잡지에서 마음에 드는 숫자를 골라주세요.
2 날짜로 포인트를 줘야 하기 때문에 적절한 사이즈로 잘라줍니다.
3 위클리에 오린 숫자를 붙여주세요.
4 허전한 왼쪽 부분은 스티커를 이용해 꾸며줍니다.
5 글씨를 써주면 완성됩니다.

할말없을때 센스있게 대처하는방법

특별히 할말이 없을 때는 마음에 드는 그림이나 사진을 이용하면 쉽게 해결돼요. 평소 마음에 드는 그림들을 모아두었다가 할말이 떠오르지 않을 때 오려붙이기만 하면 되니 너무 간단하죠?

1

1 먼슬리 칸에 맞춰서 그림을 오려보세요.

2 그리고 먼슬리에 붙여주면 끝!!

3 요렇게, 요렇게도 응용해보세요~

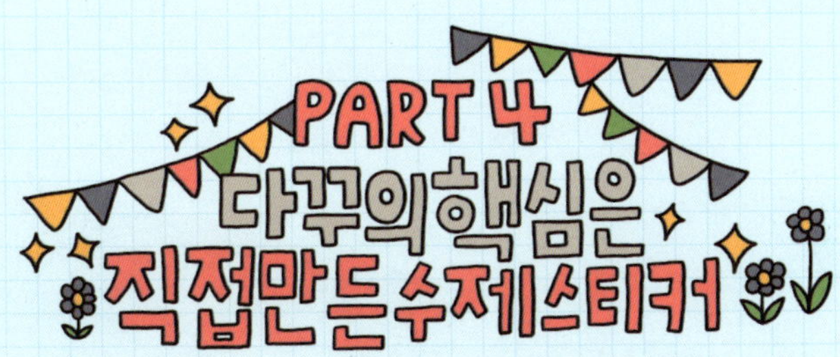

수제스티커의 매력은 말로 다 할 수 없을 정도예요.

다이어리는 물론, 활용도가 넓어서 더 매력적인 수제스티커,

혜수니의 아이디어를 몽땅 드려요~

MONDAY

초보자라면 당연히 스티커가 최고!

그림을 좋아하지만 매번 그리기가 귀찮고 힘들다면 수제스티커가 딱!!

TUESDAY

다이어리는 귀찮다고 생각하면 한도 끝도 없답니다.

수제스티커로 한번에 해결하세요!

다이어리를 꾸미는 방법은 무궁무진하게 많지만 그중 가장 쉽게 다이어리를 꾸밀 수 있는 방법은 수제스티커가 아닐까 생각해요. 직접 다이어리에 그림을 그리면서 꾸며보셨다면 아시겠지만, 마음에 들 정도로 한번에 그림을 그릴 수 있는 경우는 드물어요.
"그래서 나온 게 수제스티커!!"
붙였다가 마음에 들지 않으면 바로 떼어내면 되기 때문에 다이어리를 망칠 염려가 전혀 없답니다.

헤수니는 헤수니만의 캐릭터로 수제스티커를 만들고, 그 스티커를 이용해 다이어리를 꾸미는 걸 정말 좋아한답니다. 나만의 개성 있는 캐릭터를 다양한 모습으로 그려서 수제스티커로 사용하니 그 뿌듯함이 정말 대단하더라구요!

누구나 쉽게 접할 수 있고, 사용할 수 있는 수제스티커! 수제스티커는 직접 손으로 그려서 만들기 때문에 좀더 부드럽고 아기자기한 다이어리를 꾸밀 수 있답니다.
잡지나 마스킹테이프, 사진을 이용할 때 옆에 붙여주어도 잘 어울리고 쉽게 응용이 가능하다는 것이 큰 장점이에요!

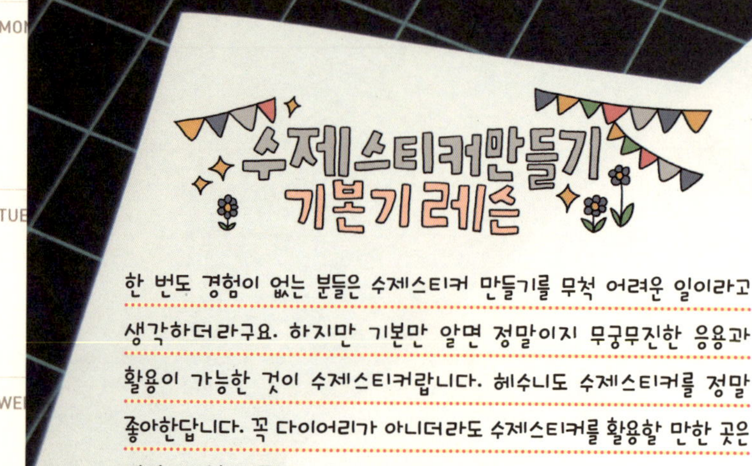

한 번도 경험이 없는 분들은 수제스티커 만들기를 무척 어려운 일이라고 생각하더라구요. 하지만 기본만 알면 정말이지 무궁무진한 응용과 활용이 가능한 것이 수제스티커랍니다. 헤수니도 수제스티커를 정말 좋아한답니다. 꼭 다이어리가 아니더라도 수제스티커를 활용할 만한 곳은 정말 다양하거든요.

1 수제스티커를 만들 수 있는 종이는 '라벨지'라는 종이예요. 일반 A4용지에 프린트해서 사용해도 괜찮지만 바로 스티커를 만들고 싶다면 라벨지를 이용하세요! 라벨지는 이렇게 뒷면을 떼어내면 접착이 가능하답니다.

2 칸이 나누어진 라벨지에요.

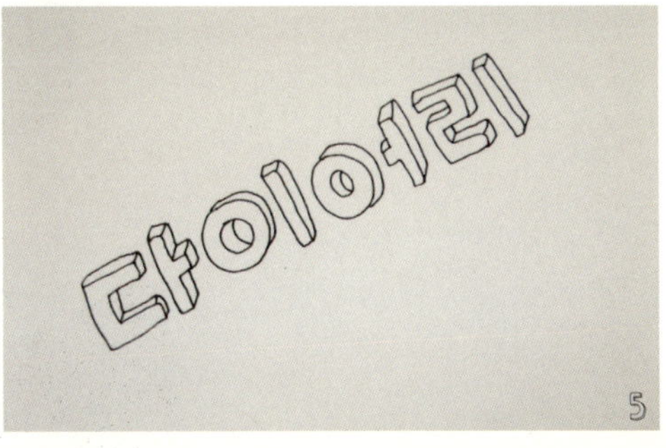

3 　비닐로 된 라벨지도 있어요. 투명 스티커를 만들고 싶다면 딱!!

4 　만들고 싶은 스티커를 라벨지 위에 그려주세요.

5 　글씨를 써주셔도 돼요.

FRIDAY

6 마카를 이용해서 컬러링을 해보려고 해요.

7 마카는 두 가지 종류가 함께 있답니다. 한쪽
   은 굵은 심, 한쪽은 가는 심으로 되어 있어요.

SATURDAY

SUNDAY

⑧ 헤수니는 주로 가는 쪽을 사용하는 편이에요.

⑨ 마카로 컬러링을 한 후 오려서 사용하시면 돼요. ^^

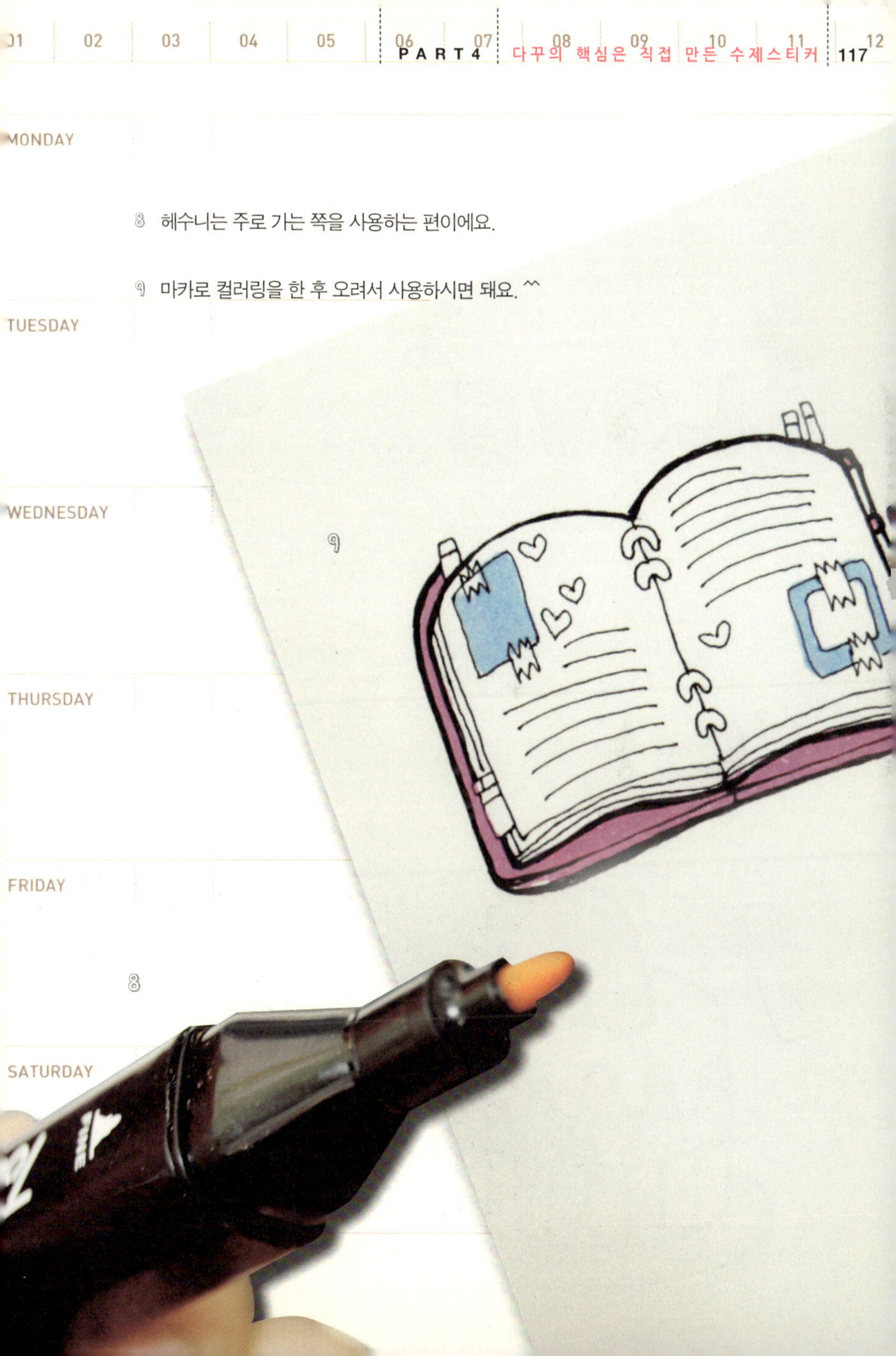

MONDAY

TUESDAY

WEDNESDAY

다이어리에 자주 쓰이는 아이콘은 다이어리
사이즈에 맞춰서 작게 그려야 된답니다. 헤
수니가 쓴 다이어리를 넘겨보면 저도 모르
는 사이에 일정한 패턴을 갖고 있더라구요.
그리고 주로 사용하는 스티커도 몇 개 있답

THURSDAY

니다. 그런 종류를 수제스티커로 만들어보
았어요.

FRIDAY

SATURDAY

포인트가 되는 부분은 큼직하게 그리면서
되도록 단순하게 표현하는 게 좋아요. 다이
어리를 꾸며줄 부가적인 요소들이기 때문에
글씨 옆에 붙이면 자연스럽게 보이도록 그
려보았어요. ^^

SUNDAY

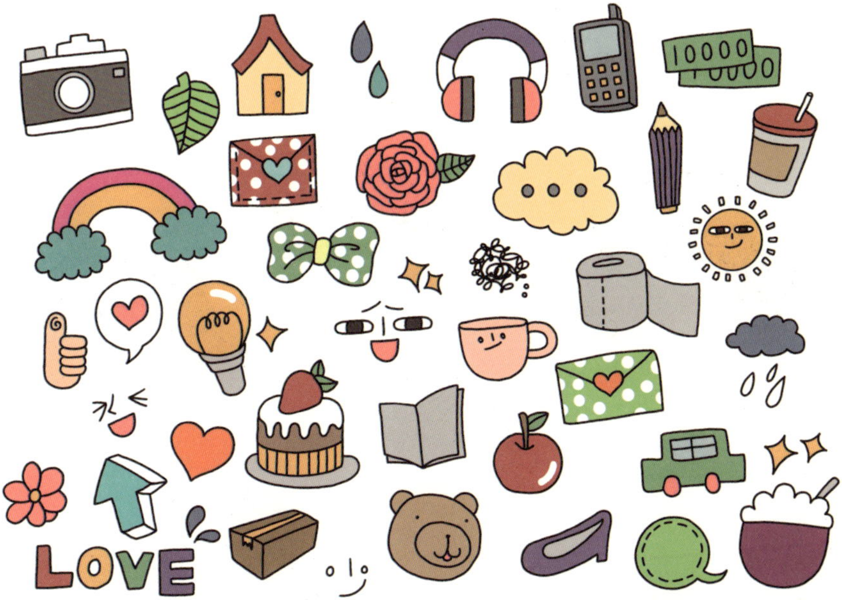

나만의 아이콘을 만들어서 사용해도 좋고, 헤수니의 아이디어를 보고 힌트를 얻어도 좋아요. 한두 개 그리다보면 어느덧 실력이 부쩍 늘어 있는 것을 발견할 수 있을 거예요.

tip

모든 생활용품이 아이디어

아이콘을 만들 때는 생활용품에서 아이디어를 얻는 것이 좋아요. 화장지, 전화기, 커피잔 등 모든 것이 아이디어가 되죠. 아이콘을 그릴 때는 특징을 잘 잡아서 심플하게 그리는 게 포인트랍니다. 평소 자신이 다이어리 쓰는 내용을 감안해 활용도가 높은 아이템을 선정하면 더욱 좋겠죠? 또 같은 그림이라도 색을 달리해서 여러 가지로 만들어놓으면 더욱 좋아요!

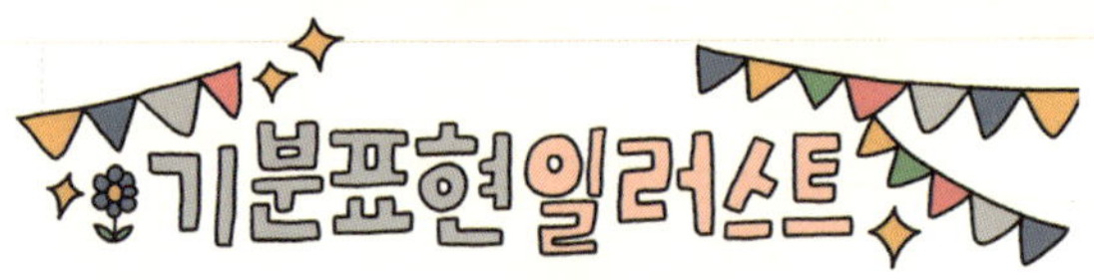

나만의 캐릭터에 변화를 주는
표정 만들기

캐릭터를 만들 때는 기본표정을 만들고요, 기분에 따른 표정 변화를 만들어두면 정말 좋아요. 이렇게 다양한 표정을 만들어놓으면 다꾸를 할 때 정말 유용하답니다. 특히 너무 기쁘거나 슬퍼서 말로 표현하기 힘든 날 표정이 있는 캐릭터는 멋진 표현법이 될 수 있겠죠?

표정을 그릴 때는 좀 과장되게 그리는 게 재미있어요. 그렇게 해놓으면 한눈에 봐도 그날 어떤 일이 있었는지 떠올라 정말 재미있는 다이어리가 된답니다. 나만의 히스토리가 있는 다이어리가 되는 거죠.

헤수니도 기분이 변할 때마다 다이어리에 표현하곤 하는데, 기분을 표현하는 수제스티커를 만들어놓으면 이럴 때 정말 유용하게 사용할 수 있답니다.

기분표현 스티커가 있으면 그날그날 있었던 일들을 다이어리에 풀어놓은 일도 한결 쉬워진답니다. 그리고 나중에 다이어리를 훑어봤을 때 그때의 기분을 바로 알 수가 있어서 더욱 좋아요.

MONDAY

TUESDAY

WEDNESDAY

THURSDAY

FRIDAY

SATURDAY

SUNDAY

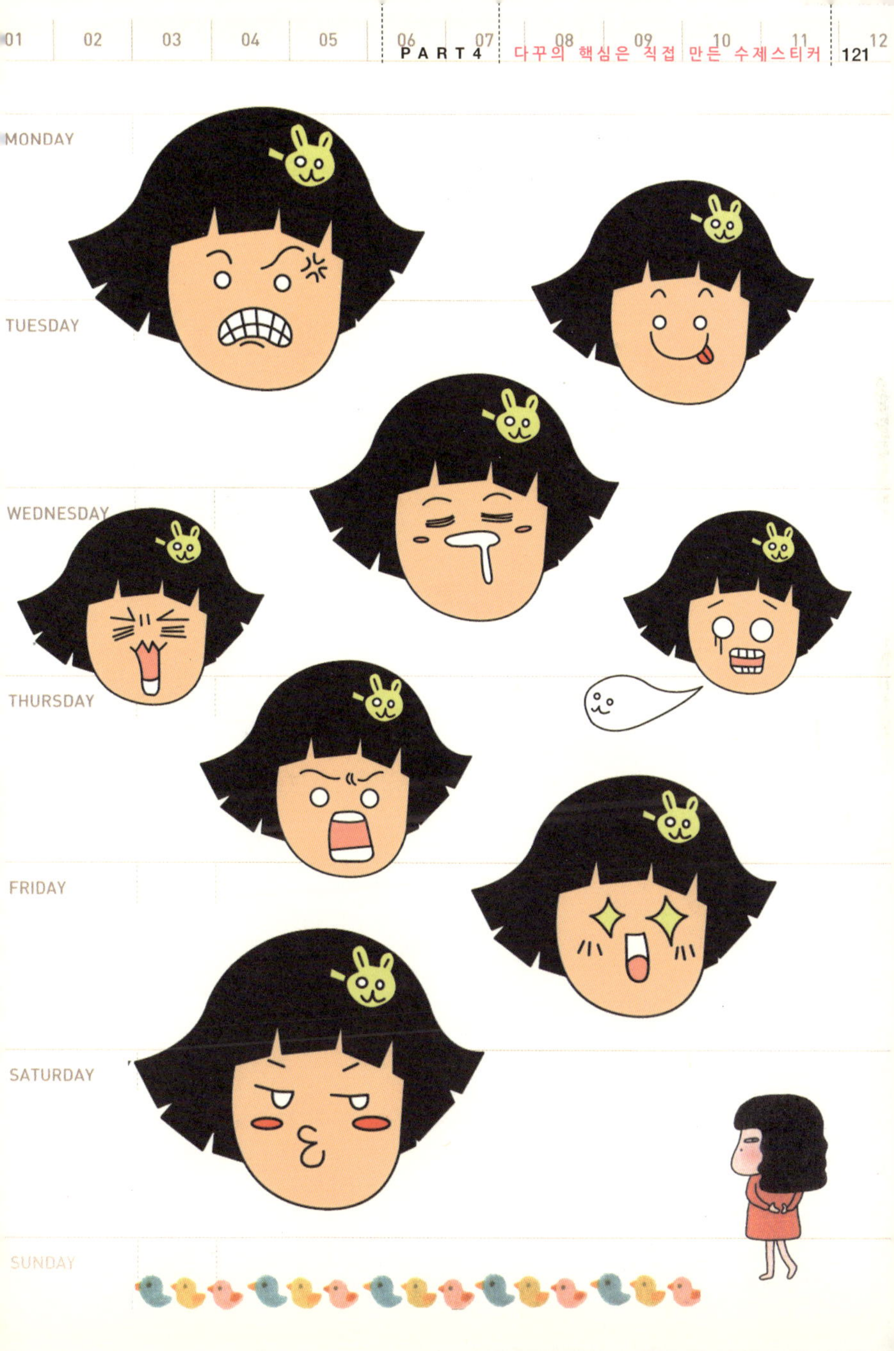

MONDAY

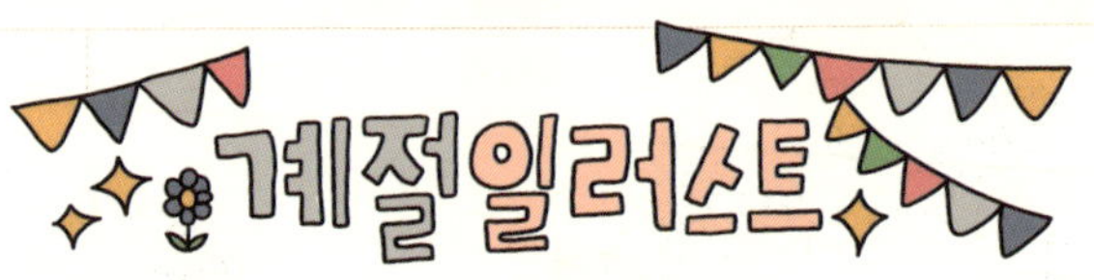

TUESDAY

다이어리에는 일기를 쓰기 때문에 계절을 표현해야 할 때가 많아요. 그럴 때 사용할 수 있도록 계절표현 수제

WEDNESDAY 스티커를 만들어보았답니다. 그냥 눈에 보이는 대로 그리는 것도 좋고, 귀여운 느낌을 강조하고 싶다면 의인화해서 눈, 코, 입을 달아주는 것도 좋아요. 그러면 실제로 살아 움직이는 듯한 인상을 주어서 더 귀엽게 느껴진답니다. ^^

THURSDAY

FRIDAY

SATURDAY

특히 계절이나 날씨를 나타낼 때는 같은 그림이라도 표정이나 색깔을 달리해서 기분까지 함께 표현해주면 다이어리를 한결 다채롭게 꾸밀 수 있답니다. 비가 오는 날이라도 어떤 때는 우울하지만 어떤 때는 전혀 반대로 즐거운 기분이 들 수도 있으니까요.

SUNDAY

MONDAY

TUESDAY

WEDNESDAY

봄에는 귀여운 새싹이나 꽃, 여름에는 아이스크림이나 비치볼,
가을에는 은행잎이나 단풍잎 같은 걸 함께 그려 넣어도 재미있
겠죠? 상상력을 발휘해보세요. 그래야 나만의 다꾸가 가능해
진답니다.

THURSDAY

FRIDAY

SATURDAY

tip

날씨 아이콘은 유치할수록 귀여워요!

날씨 아이콘을 그릴 때는 그림을 너무 잘 그리려고 애쓰지 마세요. 날씨 아이콘은
그림일기를 쓰듯 조금은 유치하게 그리는 것이 더욱 재미있답니다. 아이들이 서툰
솜씨로 그린 듯한 그림을 그리되, 조금은 작게 만들어서 귀여운 느낌을 강조하는 것
이 포인트랍니다.

SUNDAY

동물과 식물 일러스트

동물을 표현할 때는 얼굴만 표현하는 방법과 몸 전체를 표현하는 방법 등 두 가지 방법을 사용할 수 있답니다. 두 가지 방법 모두 수제스티커에 유용하게 사용할 수 있죠. 동물 캐릭터를 그릴 때도 사람만큼 단순화시키는 작업이 필요해요. 이때는 되도록 선 하나로만 그려보세요.

얼굴만 표현해서 동물을 그리면 다양한 표정으로 기분을 표현할 수 있고 귀여움을 한층 더 느낄 수 있어요. 모두 다른 동물이지만 전체적으로 귀엽게 느껴지죠? 몸 전체를 그리면 얼굴만 그렸을 때보다 표현할 수 있는 영역이 넓어져요. 이 세상에는 많은 동물이 있으니 한정 짓지 말고 나의 캐릭터를 찾아보세요.

로즈데이

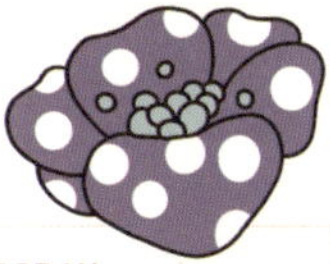

식물로 만든 캐릭터는 활용도가 더 넓답니다. 예쁜 꽃, 꽃잎이나 나뭇잎, 화분까지 얼마든지 다양한 일러스트에 도전할 수 있죠. 특히 꽃은 화려하고 다양한 컬러링이 가능해서 다이어리를 화사하게 꾸밀 때 큰 도움이 된답니다. 여성스럽고 사랑스러운 다이어리를 원한다면 꽃 그리기에 도전해보세요.

tip

대표적인 표현법을 익힌 두 응용력을 키워요!

꽃 그리기를 너무 어렵게 여기는 분들이 많은 것 같아요. 하지만 꽃 그리기에는 몇 가지 원칙이 있답니다. 샘플로 제시한 그림들을 잘 보시면, 장미처럼 꽃잎이 겹쳐져 있는 꽃, 수국처럼 작은 송이가 모여 있는 꽃, 국화나 코스모스처럼 길쭉한 꽃잎들이 많이 붙어 있는 꽃 등이 있어요. 대표적인 표현법만 익혀두면 차츰 응용도 가능해질 거예요. 두려워하지 말고 샘플을 그대로 흉내 내서 그리는 것부터 시작해보세요!

MONDAY

글자,숫자 예쁘게 산기

TUESDAY

예쁘게 포인트를 주고 싶을 때는 글자와 숫자를 수제스티커로 만들어서 사용하세요. 요일도 큰 글씨로 만들어두면 좋고, "D-Day"나 "생일" 등도 좋은 글씨 아이템이랍니다. "생일" 글씨 옆에는 작은 케이크나 꽃을 그려 넣어도 재미있겠죠?

WEDNESDAY

헤수니는 자주 사용하는 글씨는 수제스티커로 제작해두었다가 포인트 글씨로 활용한답니다. 포인트 글씨를 만들 때는 컬러링에 신경을 쓰는 편이랍니다. 다이어리에 바로 컬러링을 하면 뒷장에 배겨나서 다이어리가 지저분해지는데, 수제스티커를 사용하면 그럴 염려가 없잖아요.

THURSDAY

FRIDAY

열공하자

SATURDAY

난역시 너무예뻐

성공

장난하니

SUNDAY

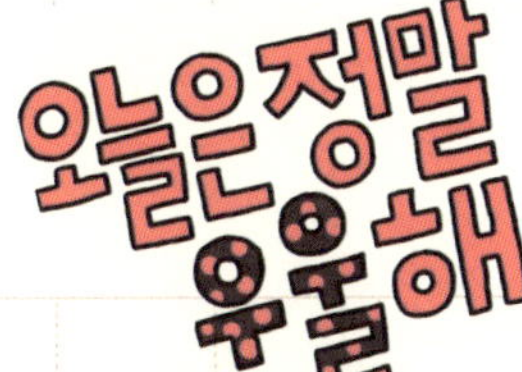

tip

나만의 구호를 만들어보세요!

나를 잘 나타낼 수 있는 심플한 구호나 단어를 스티커로 만들어놓으면 정말 유용해요. "오, 예~"나 "예스!"처럼 기분 좋을 때 쓰는 말, "힘내!" "괜찮아!"처럼 기운을 북돋을 때 자주 쓰는 말 등을 수제스티커로 만들어놓으세요. 색깔을 다양하게 해놓으면 적재적소에 활용할 수 있답니다.

다이어리에 무엇을 담아야 하느냐구요?

머릿속에 떠오르는 것은 무엇이든,

일상에서 접하는 것은 무엇이든 담을 수 있답니다!

그날그날의 계획과 메모

다이어리를 꾸밀 때는 무엇보다 먼저 그날그날의 계획과 메모가 눈에

쏙쏙 들어오게 적어 넣어야죠. 다이어리 본래의 목적이 먼저, 예쁘게

꾸미는 것은 그 다음이잖아요? 하지만 잊어버리면 안 되는 중요한 일들도

예쁘게 적으면 좋아요. 기분전환이 되어서 무슨 일이든 잘될 것 같거든요.

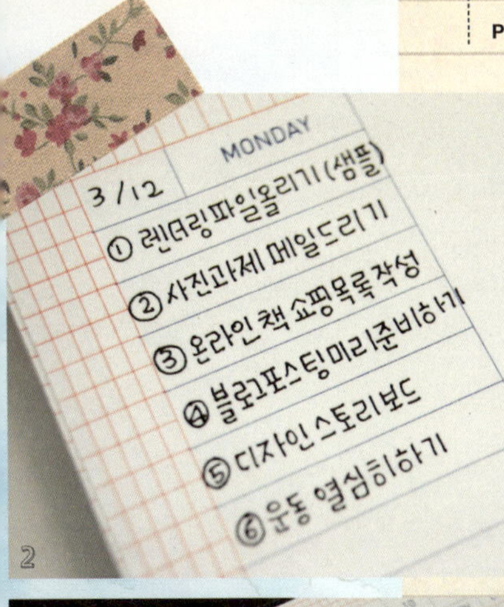

공부 ✔

1. 왼쪽에는 해야 할 공부 목록을 적어 넣습니다.
2. 앞에 번호를 매기면 더 보기 좋아요.
3. 오른쪽에는 공부 관련 수제스티커를 만들어 붙여주세요.
4. 평소 마음에 들었던 명언을 적어줍니다.
5. 원형 스티커로 빈 공간을 허전하지 않게 해주었어요.
6. 색이 있는 볼펜으로 어느 부분을 어느 시간까지 해야 할지 적어두면 더 능률이 좋아지겠죠?

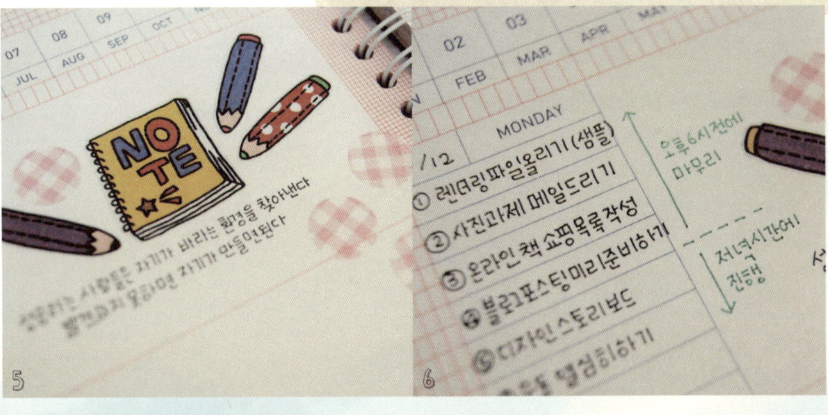

다짐 ✔

1 다짐에 어울리는 수제스티커를 붙여줍니다.

2 다짐과 같은 글을 적을 때는 궁서체가 잘 어울려요.

3 "할 수 있다"는 문구를 넣어주는 것도 좋답니다.

4 물방울무늬로 예쁘게 꾸며주세요.

5 두 가지 색상의 물방울무늬를 그려주면 분위기가 한 결 화사하게 바뀐답니다.

일정 ✔

1 일정과 관련된 수제스티커를 붙여줍니다.

2 오른쪽으로 길게 선을 그어주세요.

3 중간 중간에 일정을 적어둡니다.

4 노란색 색연필로 선을 색칠해주세요. 너무 꾹 꾹 눌러 쓰면 다이어리 뒷장에 자국이 남기 때문에 살살 그려주세요.

5 빈 공간을 사선으로 채워주고 반짝이는 표시를 해주면 완성!

날마다 보고싶은 사진

사진처럼 낭만적인 기록이 또 있을까요? 헤수니도 사진을 참 좋아한답니다. 내 사진, 친구사진, 남자친구 사진, 또는 귀여운 강아지 사진까지 어떤 사진이라도 좋아요. 날마다 보고 싶은 사진으로 다이어리 한쪽을 꾸며보세요. 다이어리가 더욱 소중하게 여겨질 거예요.

1 사진을 이용해 다이어리를 꾸며볼게요.

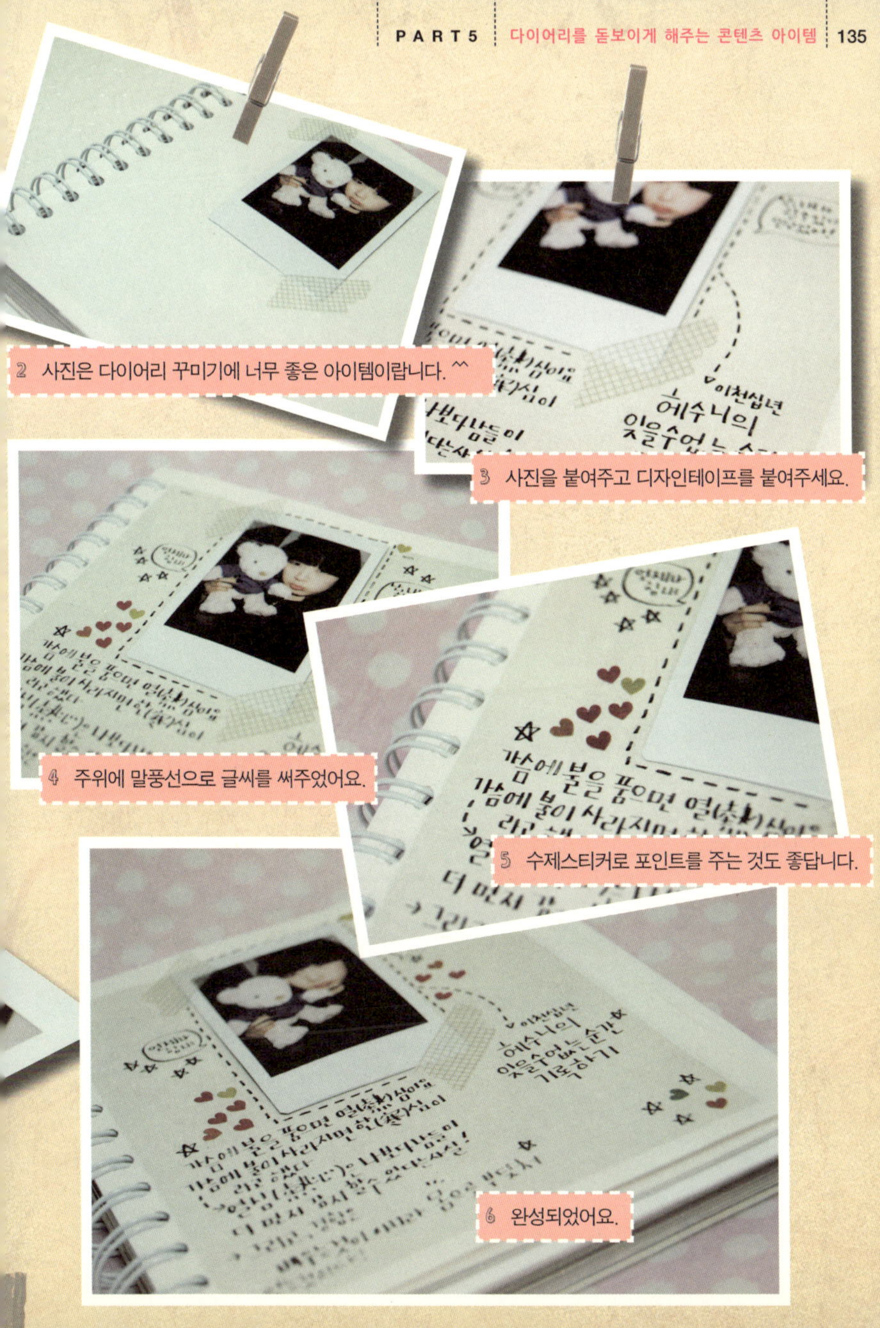

2 사진은 다이어리 꾸미기에 너무 좋은 아이템이랍니다. ^^

3 사진을 붙여주고 디자인테이프를 붙여주세요.

4 주위에 말풍선으로 글씨를 써주었어요.

5 수제스티커로 포인트를 주는 것도 좋답니다.

6 완성되었어요.

명언이나 책속의 글귀

다이어리 곳곳에 어려울 때 힘이 될만한 명언, 또는 드라마나 영화에 나왔던 멋진 대사들을 적어두면 수시로 활용할 수 있답니다. 책을 읽다 발견한 멋진 문장도 좋고요. 자신의 좌우명을 써서 붙이는 것도 멋진 일이겠죠?

1   명언에 어울리는 수제스티커를 붙여줍니다.
2   수제스티커 옆에 사인펜으로 동그라미를 그려주세요.

3   간단한 이야기나 느낀 점을 적어주세요.
4   감명 깊은 명언을 적어줍니다. 명언이 길면 길수록 다이어리가 꽉 차 보여서 좋아요.

5   전체적으로 옆의 수제스티커와 비슷한 비율로 내용을 써주세요.
6   스티커로 예쁘게 장식을 해주면 효과만점!

이번에는 영어 명언을 써볼게요~

1 위클리를 준비해주세요.

2 예쁜 이미지를 붙여주세요. 헤수니는 스티커를 이용했어요.

3 날짜 스탬프를 찍어서 빈티지 느낌을 내줍니다.

4 이미지 옆에 영어 명언을 써주세요.

5 간단한 물방울무늬를 그려주시면 완성입니다~

PARISGRAPHY
2010 10. 27
2010 10. 27
I never think
of the future.
It comes soon
enough.
I neve
of th
comes s
nough.

컬처리뷰

공연이나 책, 영화 같은 문화적인 체험을 기록으로 남겨두면 다이어리가 한결 다채로워진답니다. 특히 공연은 입장권이나 팸플릿 그림을 활용할 수 있어 다이어리가 한결 풍성해지는 효과가 있답니다.

1 '난타' 공연을 보고 받은 팸플릿에 있는 고릴라 그림을 오려서 다이어리 오른쪽 아래에 붙였어요.

2 주위에 어울리는 물방울무늬 스티커를 붙여주었어요.

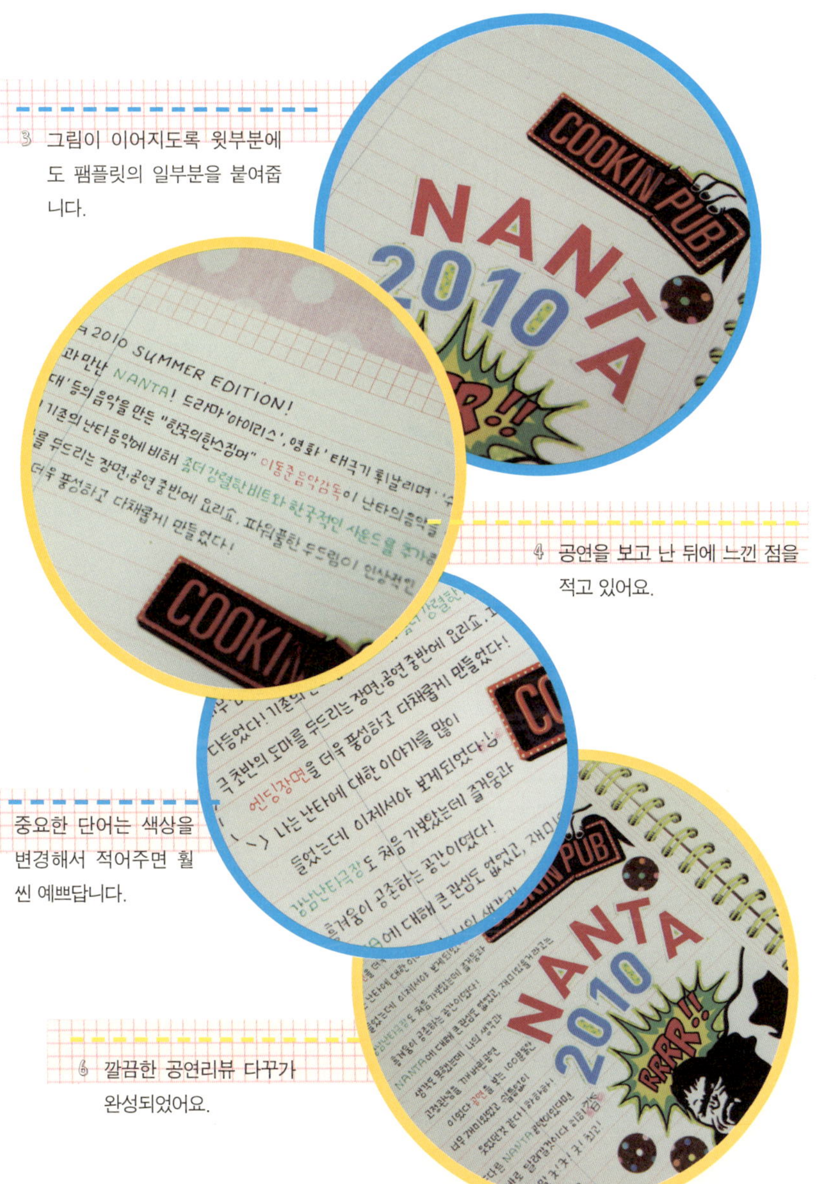

③ 그림이 이어지도록 윗부분에
도 팸플릿의 일부분을 붙여줍
니다.

④ 공연을 보고 난 뒤에 느낀 점을
적고 있어요.

⑤ 중요한 단어는 색상을
변경해서 적어주면 훨
씬 예쁘답니다.

⑥ 깔끔한 공연리뷰 다꾸가
완성되었어요.

맛집을 탐방해서 음식을 먹어본 일이나 친구들과 함께 한 쇼핑을 기록으로 남기는 것도 재미있어요. 특히 쇼핑 목록을 시각적으로 표현하면 다이어리가 한결 재미있어진답니다. 혜수니는 작은 그림들로 쇼핑 기록 남기는 것을 좋아한답니다.

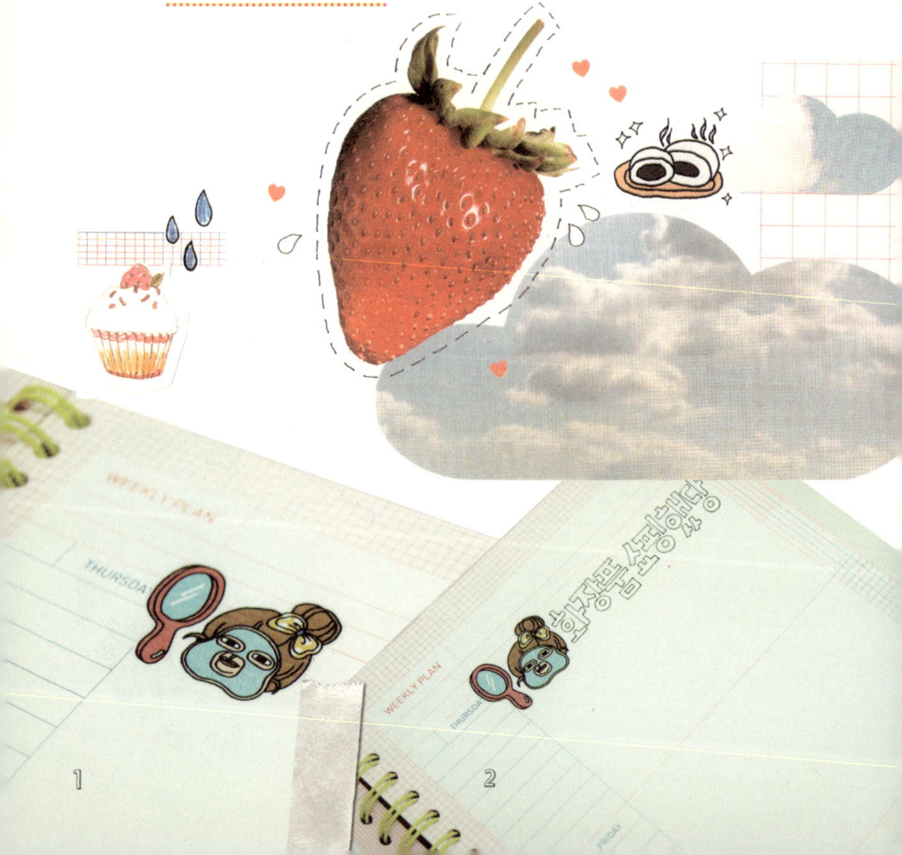

1

2

1 쇼핑에 어울리는 수제스티커를 붙여주세요.

2 주제 부분은 큰 글씨를 이용하는 것도 좋은 방법이에요.

3 예쁜 화장품 수제스티커를 만들어서 글씨 아래 붙여줍니다.

4 물방울무늬를 이용해 주제를 강조해주세요.

5 새로 산 화장품의 이름을 적어줍니다.

6 두께가 있는 점선을 그려서 테두리를 만들어주었어요.

7 완성 샷!

다이어트 계획

정말이지 다이어트로부터 자유로울 수는 없는 걸까요? 다이어트는 정말 여자들의 평생 숙제인 것 같아요. 혜수니도 항상 다이어트 때문에 고민이에요. 그래서 잘 지키지는 못 하지만 다이어트 계획만큼은 정말 열심히 세운답니다. 이때도 다이어리가 좋은 동지가 되어준답니다.

1 다이어트 계획을 세우기 위해 다이어리 프리 부분
  에 칸을 만들어주었어요.

2 요일을 적어주세요.

3 다이어트는 하루하루 일과를 적는 게 중요해요.

4 수제스티커로 빈 공간을 예쁘게 꾸며주세요.

5 말풍선을 이용해도 좋아요.

6 하루하루 운동을 체크하고 만약 빈 공간이 생기면
  수제스티커로 샥~

7 왼쪽 부분에는 중요한 메모나 해야 할 일들을 월별
  로 정리할 수 있어요.

8 완성 샷!

1월 2/6일

생일을 적어보자

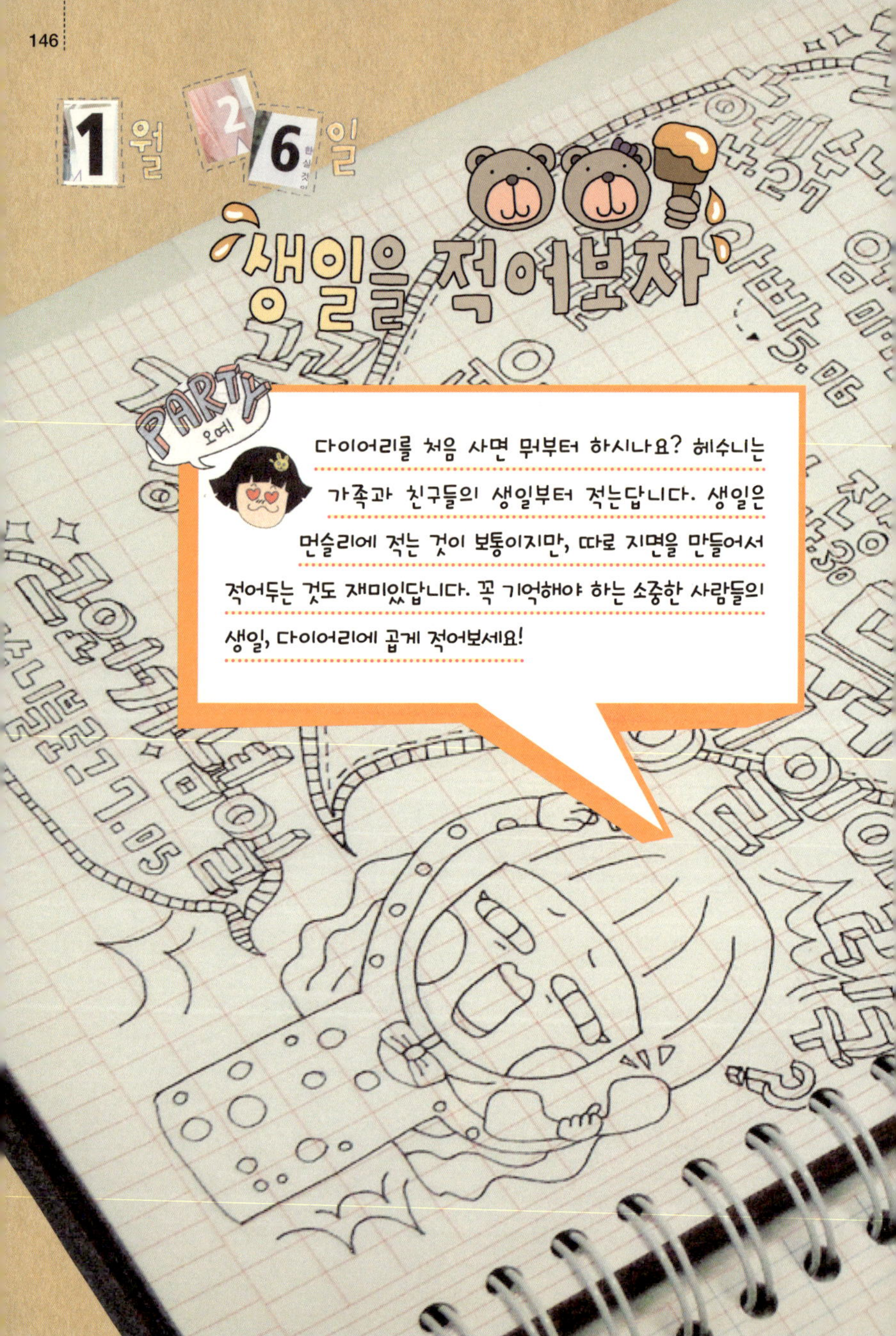

다이어리를 처음 사면 뭐부터 하시나요? 혜수니는 가족과 친구들의 생일부터 적는답니다. 생일은 먼슬리에 적는 것이 보통이지만, 따로 지면을 만들어서 적어두는 것도 재미있답니다. 꼭 기억해야 하는 소중한 사람들의 생일, 다이어리에 곱게 적어보세요!

1 다이어리 프리 부분에 밑그림을 그려줍니다.

2 밑그림을 따라서 볼펜으로 덧그려주세요.

3 입체 글씨로 강조할 주제를 써줍니다.

4 상황에 어울리는 문구를 넣어주어도 좋아요.

5 말풍선 안에 친구들의 생일을 적어주세요.

목록표를 만들어 체크하자

중요한 일들을 목록으로 만들어두면 나중에 확인하기에 편리하지요. 목록표는 글씨만으로 깔끔하게 만드는 것도 좋고, 작은 스티커를 붙이거나 그림을 그려 넣어 귀엽게 꾸며도 좋답니다. 취향에 따라 선택하시면 되구요, 중요한 건 중요한 일들이 일목요연하게 정리되어야 한다는 점이에요!

1. 목록표를 만들 때 글씨만 쓰기도 하지만 직접 꾸며서 사용하기도 해요. 그림을 그리고 칸을 만들어서 목록을 적어나가면 된답니다.
2. 자세히 보여드릴게요~
3. 칸은 가로로 나누어도 되고 세로로 나누어도 돼요.
4. 그림을 그려주면 더 효과만점!
5. 글씨로만 이루어진 목록표예요.

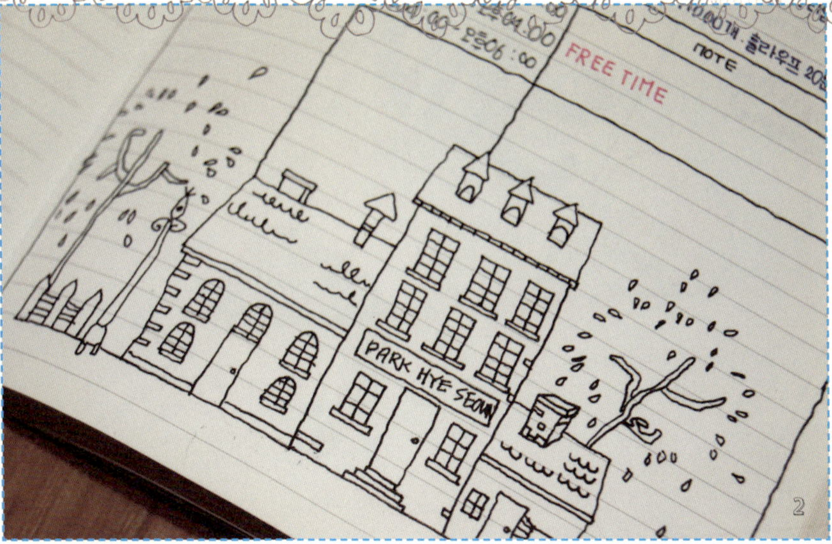
FREE TIME
NOTE
PARK HYE SEON
2

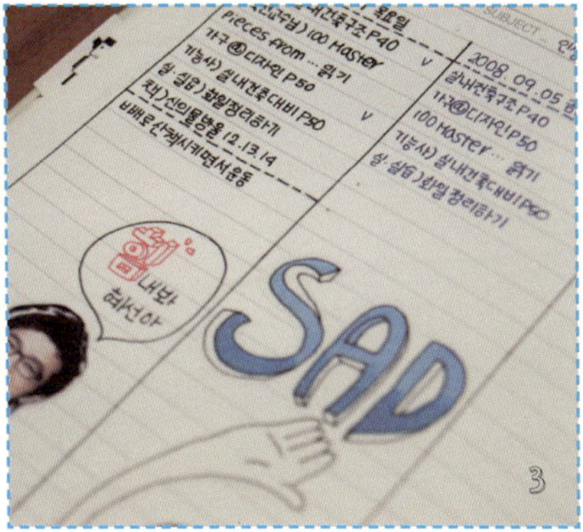
Pieces from ... 읽기
2008.09.05
100 Master ... 읽기
내방
해선아
SAD
3

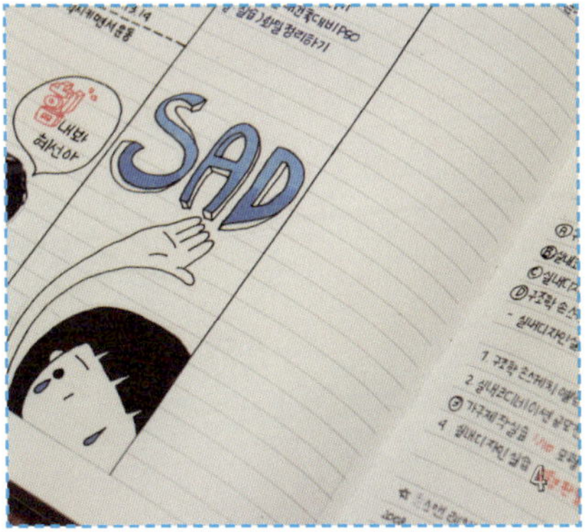
내방
해선아
SAD
4

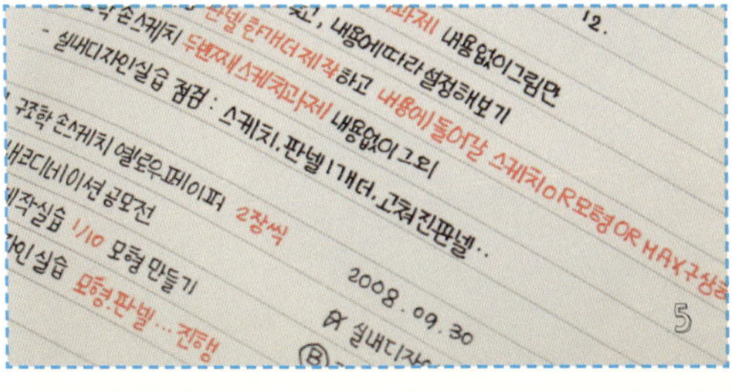
실내디자인실습 점검 : 스케치, 판넬 1개더, 고쳐진판넬..
구조학 손스케치 옐로우페이퍼 2장씩
1/10 모형 만들기
모형,판넬... 진행
2008.09.30
5

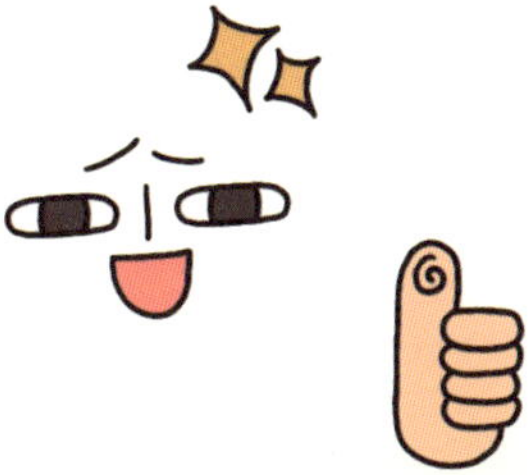

이렇게도 해볼까요?

1 위클리에 선을 그어 칸을 만들어줍니다.

2 주위를 스티커로 예쁘게 장식해주세요.

3 칸에 체크해야 할 일들을 쭉 적어줍니다.

4 위클리 지면에 목록표를 만들면 정말 간단하답니다!

HESU
NI
OG
IDAY
1월 25일
1월 26일
1월 27일
블로그업뎃 - 수제스티커
다이어리 정리하기
인터넷 쇼핑
SUNDAY
3
4

다이어리에는 수없이 많은 지면이 있잖아요?

각각의 지면 특성을 고려해서 꾸미면

더욱 멋진 다이어리가 완성되지요!

연간계획표

연간계획표는 자칫 소홀하기 쉬운 지면인 것 같아요. 하지만 연간계획표도 표현하기에 따라 얼마든지 다양한 스타일로 꾸밀 수 있어요. 365일을 채우려다 보면 일정이 없는 날이 많아 밋밋해질 수 있잖아요? 하지만 바로 그 점이 다꾸의 포인트지요. 데코와 여백의 멋진 조화를 만들어보세요~

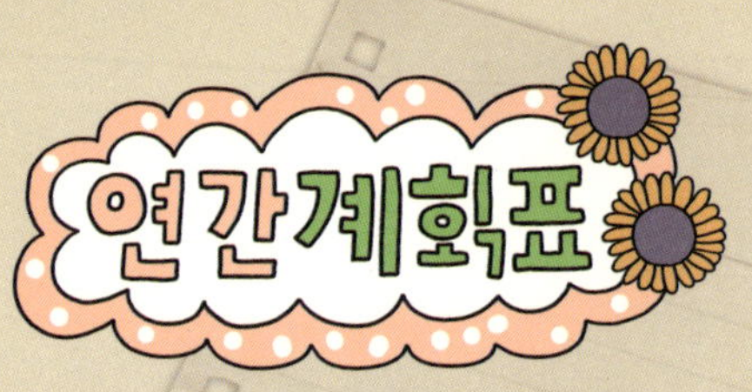

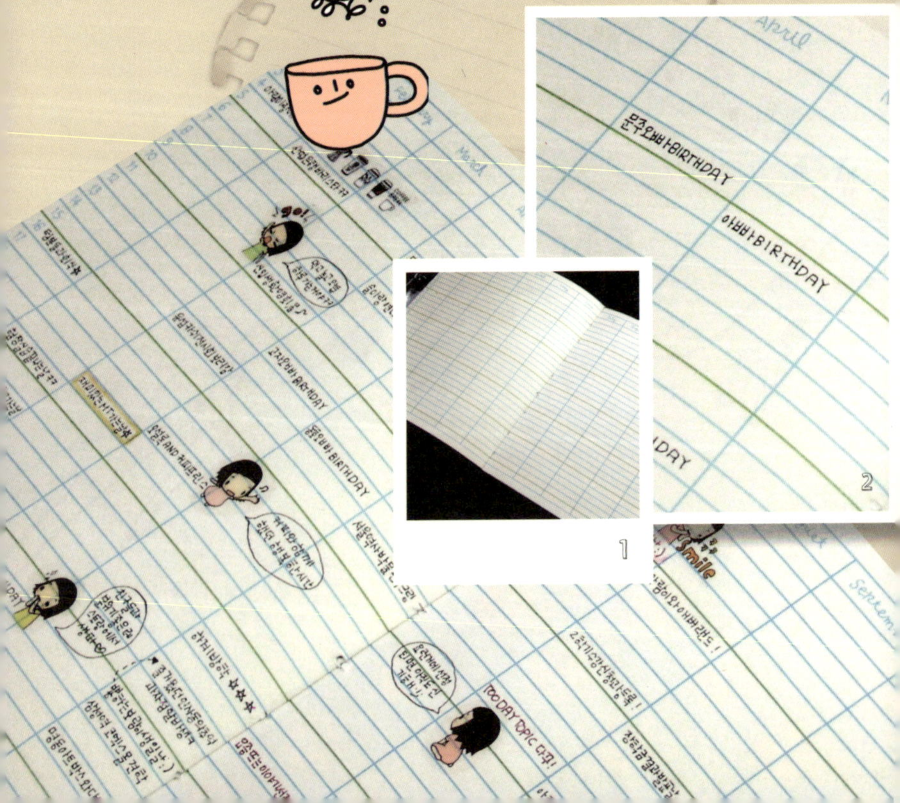

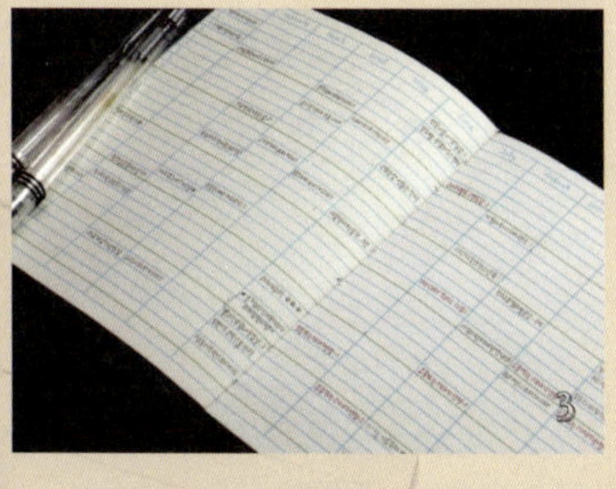

귀여운 스타일

1 다이어리 맨 앞쪽에 보면 대부분 연간계획을 세울 수 있는 지면이 있어요.

2 중요한 날 위주로 연간계획표 부분을 채워나갑니다.

3 모든 칸을 다 채울 필요는 없어요. 1년 내내 두고두고 채워야죠. ^^

4 칸이 부족한 날은 화살표를 이용하면 공간을 확보할 수 있어요.

5 꽃 그림을 오려서 오른쪽 아래에 붙여주었어요.

6 색상을 다르게 해서 계획을 한눈에 알아볼 수 있게 했답니다.

7 귀여운 스티커를 붙여준다면 한결 더 귀여운 분위기를 만들 수 있어요.

8 말풍선을 이용하기도 했어요.

9 중간 중간에 스티커를 붙여주세요. 하지만 너무 많이 붙이면 정신없어 보인답니다.

빈티지 스타일

1 빈티지 스타일로 꾸민 연간계획표는 사진이나 그림
  을 위주로 꾸며보았어요.

2 빈티지 느낌이 나는 사진을 사용하면 쉽게 분위기를
  낼 수 있어요. 글자를 날려서 쓰거나 그런 스티커를
  이용하는 것도 좋아요.

3 글자 스탬프나 숫자 스탬프를 이용해 꾸며줍니다.

4 사진이나 스탬프로 빈 공간을 꾸며주세요.

5 색상이 다양한 잉크를 사용하는 것도 포인트랍니다.

헤수니 스타일

1 헤수니는 스티커와 마스킹테이프, 수제스티커를 두루두루 이용하고 있어요.

2 그날그날 무엇을 해야 할지 한 달씩 정리하며 계획을 세웁니다.

3 감명 깊게 본 영화에 대한 기록을 남기는 것도 멋진 일이죠.

4 말풍선을 이용해 부족한 내용을 채워줍니다.

5 화살표를 그어 언제까지 해야 하는지 정확한 일정을 표시해요.

6 전체적인 모습입니다.

먼슬리

먼슬리는 한 달 간의 일정을 한눈에 볼 수 있는 매우 유용한 지면이에요.

달력처럼 생겨서 익숙하기도 하고, 실제로도 매우 실용적이랍니다. 가장

다채로운 꾸미기가 가능한 지면이기도 하지요..

귀여운 스타일

귀여운 스타일의 다이어리를 꾸미고 싶다면 귀여운 캐릭터가 그려진 스티커를 이용해보세요! 그러면 쉽게 귀여운 분위기를 풍길 수 있답니다. 먼슬리는 칸이 나누어져 있지만 헤수니는 그 칸을 무시해버려요. 귀여운 느낌의 분홍색과 하늘색의 마스킹테이프로 분위기를 더 업시켰답니다. 큰 사진보다는 작고 아기자기한 이미지나 도장으로 포인트를 주는 것이 좋아요. 스티커가 다양한 색상을 갖고 있기 때문에 볼펜은 가급적 검정색으로 다이어리를 작성해주었어요.

lovely

사랑스러운 스타일

사랑스러운 분위기를 보여주기 위해 분홍색을 많이 사용
한 먼슬리에요. 분홍색 계열의 스티커나 마스킹테이프, 수
제스티커 등 다양한 다꾸 용품을 이용해 다이어리를 꾸며준
샘플이랍니다. 여기에 폴라로이드 사진 한 장 넣어주면 훨씬
매력적인 먼슬리 지면을 만들 수 있어요. 헤수니도 폴라로이드
사진에 하트와 말풍선을 더해 간단하게 완성했답니다.

우리빠빠
빨리서 연정도 되었
네 점점 너의 오
얼에 점점 진해지
지 못했지만 이젠
너밖에 모르는
내가 되었
네 ♥

vintage

빈티지 스타일

빈티지 스타일의 다이어리를 쓰고 싶으면 글씨를 필기체 형식으로 쓰거나 빈
티지 느낌이 나는 그림을 이용하는 게 가장 빨라요. 헤수니는 빈티지 다이어
리를 꾸밀 때 주로 꽃 이미지를 사용해요. 또 항공우편 느낌이 나는 마스킹테
이프를 이용하는 것도 예쁘답니다. 꽃 이미지도 여러 종류가 있는데, 실사적인
게 느낌이 더 강렬하답니다.

OCTOBER
TUESDAY
WEDNESDAY
HERA
Start
5/18
5/25

hesuni

헤수니 스타일

헤수니는 수제스티커를 이용해서 다이어리를 꾸미는 걸 좋아해요. 그래서 먼슬리에도 수제스티커를 많이 활용한답니다. 깔끔하면서도 아기자기하게, 스티커로 개성과 유머감각을 살리려고 노력해요. 주로 수제스티커로 포인트를 주고 볼펜으로 글씨를 써서 꾸미는 편이에요. 내가 직접 나의 캐릭터로 다이어리를 꾸미니 이 세상에 하나밖에 없는 다이어리라서 소중함이 더한 것 같아요. 헤수니 캐릭터가 다양하게 표현되어 있어 어떨 땐 일러스트 책처럼 느껴지기도 한답니다.

위클리는 먼슬리보다 칸이 크기 때문에 더 많은 이야기를 담을 수 있어요.

특히 위클리가 2페이지로 되어 있는 다이어리는 정말 실용적이에요.

활용하기에 따라서는 일기장처럼 쓸 수도 있거든요. 일주일 단위로 일정

계획을 세우고 확인하며 예쁘게 꾸며보세요!

귀여운 스타일

큰 글씨에 색연필로 색을 주면 알록달록해서 보는
사람이 즐겁답니다. 큰 글씨도 오동통하게 하느냐
아니냐에 따라 분위기가 많이 달라요. 검은색으
로 글씨를 썼다면 다양한 색연필로 주위를
색칠해보세요.

사랑스러운 스타일

사랑스러운 분위기를 연출하기 위해서는 많은 색상이 들어가는 것보다 어느 정도 색상을 제한해주는 게 좋아요. 한두 가지 색상만으로 포인트를 주고, 그림이나 글씨로 채워준 위클리 지면이랍니다. 중간 중간에 체크무늬 마스킹 테이프를 사용해서 허전함을 없애고 장미 수제스티커로 포인트를 준 위클리에요~

빈티지 스타일

빈티지 하면 떠오르는 색상은 갈색 종류잖아요? 갈색만 잘 써도
빈티지 느낌이 확 든답니다. 포인트를 줄 때는 붓펜이나 아트펜처
럼 필기체가 자연스러운 펜을 사용해보세요. 갈색과 너무 잘 어울
리는 글씨체가 나올 거예요. 정형화된 레이아웃보다는 약간 삐뚤
삐뚤하게 쓰는 것이 예뻐요!

헤수니 스타일

좋아하는 이미지를 붙이고 그 주위에 헤수니 캐릭터 수
제스티커를 붙여주었어요. 헤수니가 여기저기 있어서
더 재미있는 다이어리가 되었답니다. 말풍선을 그려서
실제로 이야기를 하는 것처럼 꾸몄어요. 특별하게 꾸미
지 않아도 스티커만으로도 다이어리에 포인트를 줄 수
있답니다. ^^

다이어리 뒤에 자리하고 있는 프리노트는 그야말로 자유롭게 모든 것을
표현할 수 있는 지면이랍니다. 그동안 갈고 닦은 다꾸 실력을 마음껏
펼쳐보세요. 나만의 스타일을 연습하는 공간으로 활용하는 것도 좋겠죠?

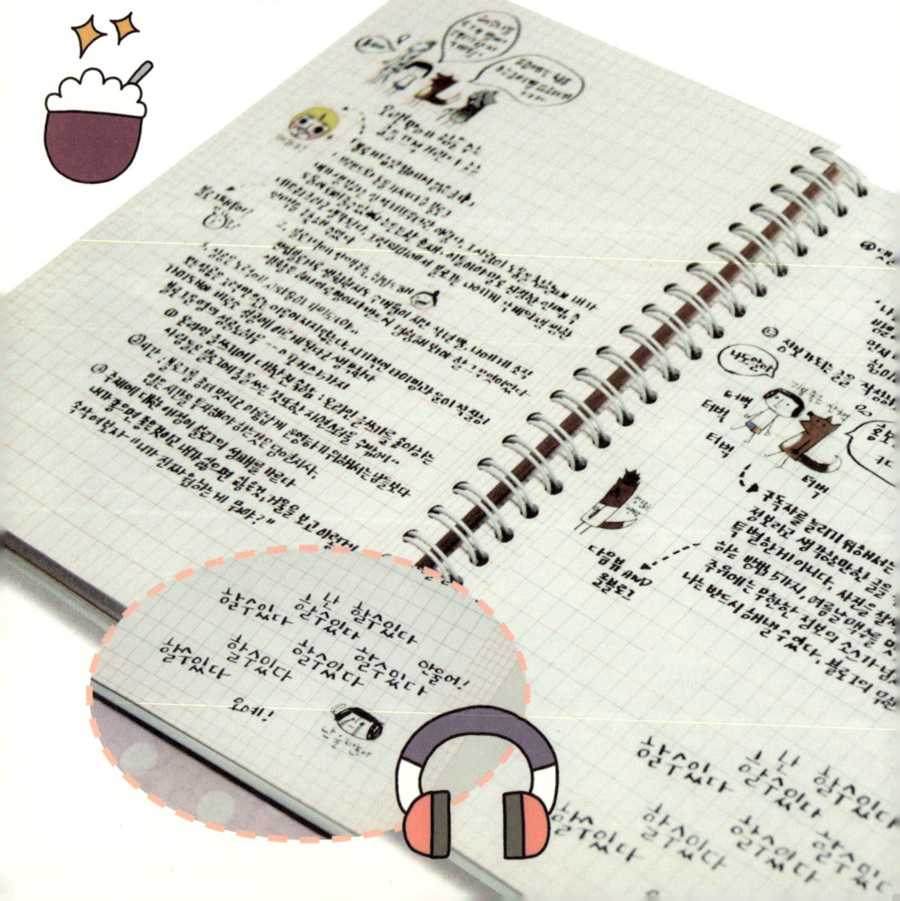

귀여운 스타일

프리노트를 꾸밀 때는 딱딱 줄을 맞춘 것보다는 전체적으로 들쑥날쑥한 게 더 귀여워 보여요. 중간 중간에 화살표를 그려서 귀여운 스티커를 붙여주면 더 좋답니다. 포인트가 되는 그림을 그리고 여백을 주어도 좋아요.

사랑스러운 스타일

프리노트는 줄이 없는 부분을 꾸며보았습니다. 위클리와 비슷한 분위기를 만들기 위해 위클리에 사용한 재료들을 써봤는데, 어떠세요? 예쁜 사진이나 그림을 붙여주는 것도 너무 좋은 방법이에요! 그림이나 사진은 다이어리를 채우는 데 큰 힘이 된답니다. ^^ 주위에 살짝 스티커를 붙여주면 쉽게 완성돼요!

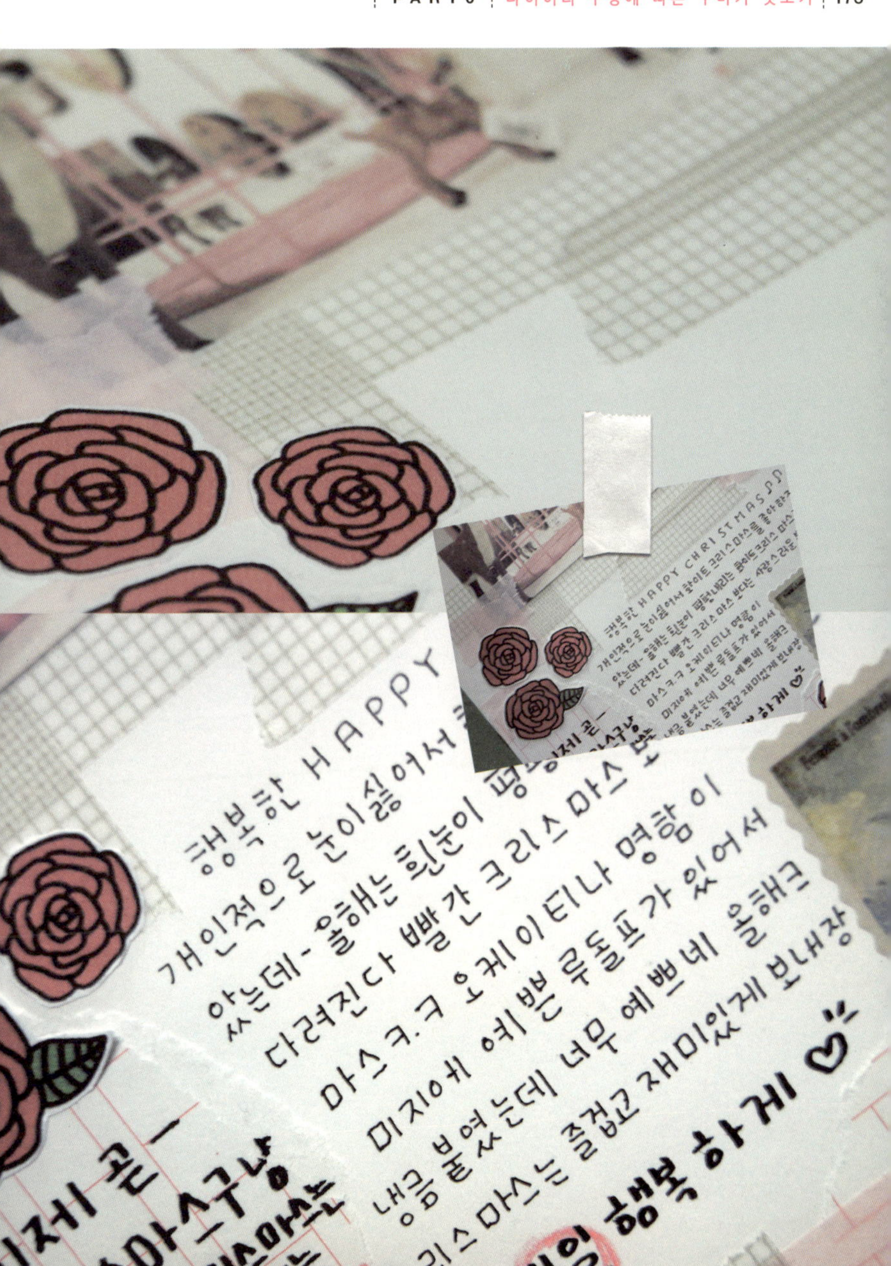
행복한 HAPPY CHRISTMAS♥
개인적으로 눈이 싫어서
았는데- 올해는 흰눈이
다려진다 빨간 크리스마스
마스.ㅋ 오케이티나 명랑이
미지에 예쁜 루돌프가 있어서
내금 불였는데 너무 예쁘네 알해크
리스마스는 즐겁고 재미있게 보내장
매일 행복하게♥

빈티지 스타일

위클리와 마찬가지로 갈색 톤으로 포인트를 주었어요. 레이스를 위에 그려주었는데, 레이스도 빈티지 스타일을 확실하게 나타내주는 아이템이랍니다. 중간 중간에 필기체 느낌이 나도록 글씨를 써주거나 스티커를 붙여주는 것도 굿!

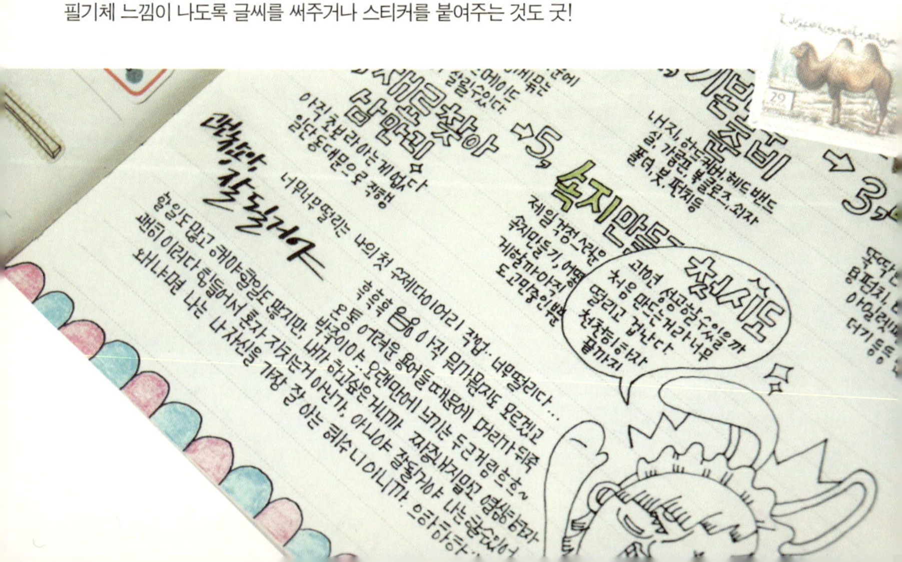

헤수니 스타일

스티커로 포인트를 주기 위해서 윗부분은 글씨로만 채워주었어요. 한쪽 부분에 글씨를 써 주고 빈 공간에 포인트로 수제스티커를 붙여주는 것도 좋은 방법이랍니다. 다이어리에 포인트를 만드는 것은 정말 좋은 다꾸 방법이에요~

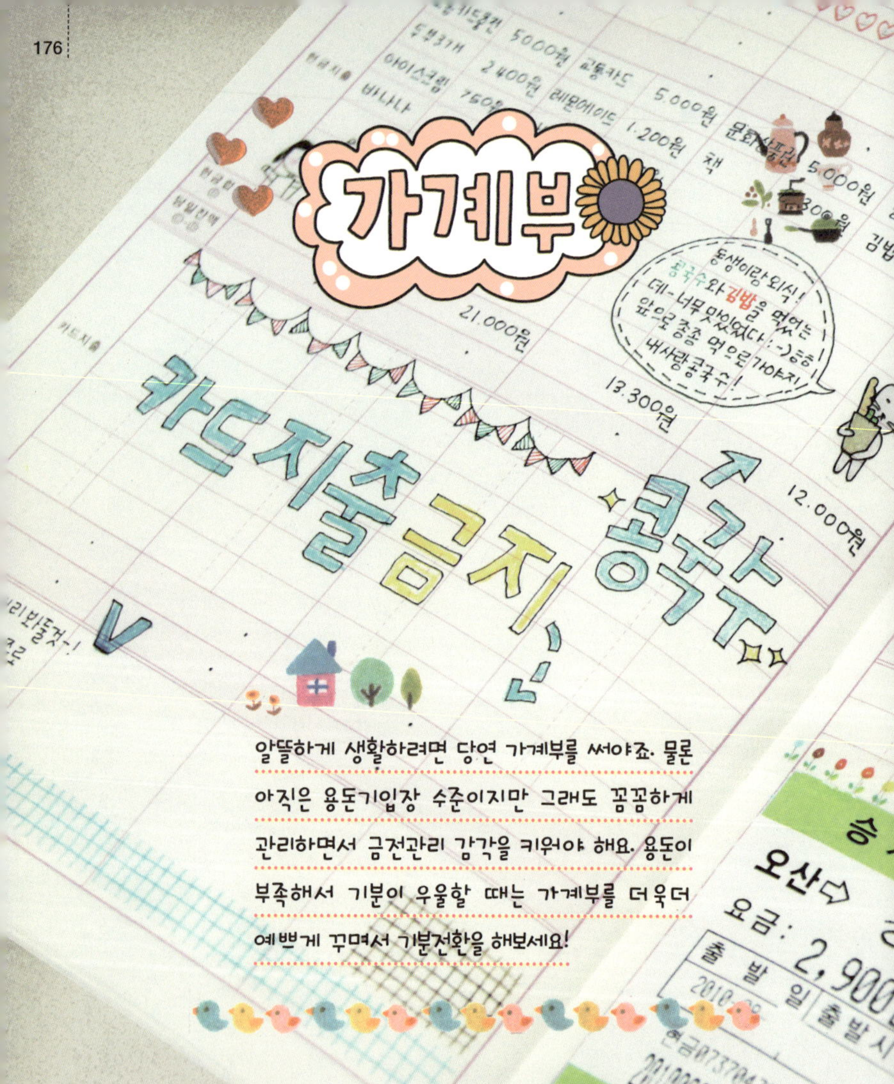

귀여운 스타일

다이어리만큼 가계부도 귀엽게 꾸밀 수 있답니다. 노란색과 푸른색을 이용해 포인트 글씨를 써주었어요. 가계부에는 영수증 대신 예쁘고 귀여운 티켓을 붙여도 좋겠지요? 가계부의 주 목적을 침범하지 않는 선에서 예쁘게 포인트 그림을 그려주고 스티커를 붙여주면 쉽게 꾸밀 수 있어요.

(20) | 목요일
내용
금액
(21)일 금요일 200원 교통카드 5.000원
레몬에이드 1.200원
아이스커피 14...
(18)일 화요일
내용 금액
(19)일 내용
드로잉북 5.800원 우편
스티커 유펀
교통카드 1.500원 T셔츠
커피땅콩 2.000원 팥빙수 29
1.500원 8.00
0.800원
41.340
(영책실권용)
금액 : 2,900원
확인
객용)
동생이랑외식!
수와 김밥을 먹는
무 맛있었다...;)등
먹으러가야지!
국수
5.000원 콩국수
8.300원 김밥
9.000원
3.000원
10000
22 일 토요일
8.000원
23 일
내용
드로잉북 5.800원
교통카드 1.500원 우편
커피땅콩 2.000원 T셔츠
1.500원 팥빙수 3440원
29.900원 떡
카드 8.000원

빈티지 스타일

빈티지 스타일을 표현하기 위해서 굵은 느낌의 펜을 선택해 글씨를 써보았어요. 글씨와 어울리는 수제스티커로 포인트를 주어서 작업해보았답니다. 빨간색으로 포인트를 주고 점선을 사용했어요. 중간 중간에 스티커로 포인트를 주면 돼요.

헤수니 스타일

캐릭터 수제스티커를 붙여주고 말풍선으로 이야기를 풀어나가요. 지출을 쓰는 부분에는 관련된 수제스티커를 붙여서 한눈에 알아볼 수 있게 했어요. 영수증은 마스킹테이프로 붙여주면 효과만점이에요!!

Q&A _ 헤수니 블로그와 팬카페에 올라오는 궁금증들

1. 헤수니란 닉네임은 어떻게 짓게 되었나요?

블로그를 시작할 때 많은 고민을 하지는 않았어요. 닉네임을 쓰는 칸에 커서를 놓고 1분 정도 고민했던 것 같아요. 처음에는 제가 이렇게 큰 블로그를 운영하게 될지 몰랐기 때문에 그랬는지도 몰라요. 하하……! '헤수니'라는 닉네임은 제 이름이 '혜선'이니까 그냥 쉽게 부를 수 있고, 한번에 기억될 수 있는 이름으로 생각하다가 정하게 되었어요. 정감 있고 쉬워서 한번에 딱 알 수 있을 거라고 생각했답니다. 어느덧 하나의 브랜드로 성장한 나의 닉네임. 이제는 저는 '혜선'보다는 '헤수니'로 더 많이 불리고 있답니다. 집에서조차 헤수니라고 불리니 알만하죠? ^^ 하지만 아직도 새로워요. 그리고 너무 마음에 들어요!!

2. 헤수니 님, 다이어리는 뭐 쓰세요?

처음에는 일러스트 다이어리를 사용했는데 직접 수제스티커를 만들고 나서부터는 심플한 다이어리가 눈에 많이 띄더라구요. 그래서 작년에는 PPF를 사용했고, 올해에는 TOMORROW 다이어리를 사용하고 있어요. 수제스티커를 붙이면서 다이어리를 꾸미기에는 딱이죠!

3. 헤수니 님, 펜은 어떤 거 쓰세요?

펜은 그때마다 다른데, 지금은 하이테크를 주로 사용하고 있어요. 가격이 부담스럽긴 하지만 손에 잘 맞더라구요. 색상은 검정, 빨강, 초록을 주로 사용하고, 파란색이나 분홍색은 기분전환을 하고 싶을 때 사용하는 편이에요. ^^ 펜은 다른 사람들의 평가가 좋다고 해서 무조건 사용하는 것보다 자신에게 맞는 것을 사용하는 게 가장 좋답니다!

4. 언제부터 다이어리를 꾸미셨나요?

초등학교 때부터 다이어리를 쓴 것 같아요. 그때는 그냥 일기 식으로 적어내려 갔는데, 점점 다이어리를 다양하게 꾸며가면서 재미를 붙였어요. 현재 20개 정도 다이어리를 갖고 있는데, 혜수니의 보물1호랍니다. ㅎㅎ 본격적으로 꾸미기 시작한 건 중학교 들어가서였는데, 만날 학교에 가져가서 다이어리를 꾸민 기억이 나네요. ㅎㅎ 항상 다이어리와 함께했던 것 같아요. ^^

5. 혜수니 님, 어떻게 해야 글씨를 잘 쓸 수 있을까요?

블로그를 하면서 많은 분들이 제 글씨를 예뻐해주고 잘 쓴다고 칭찬해주셔서 너무 기분 좋았어요. 그때마다 글씨를 좀더 정성스럽게 쓰고 또박또박 쓰려고 노력했답니다. 글씨를 잘 쓰는 특별한 공식은 없는 것 같아요. 정성들여 한 글자 한 글자 쓰다보면 예쁜 글씨를 만날 수 있을 거예요. ^^

6. 다이어리 쓰다가 망치면 다이어리를 '뿍-' 찢지는 않나요?

처음에 다이어리를 썼을 땐 정말 셀 수도 없이 많이 찢었어요. 다이어리 하나 사면 열 번도 넘게 찢었던 것 같아요. 만약 만년 다이어리가 아닌 날짜가 써져 있는 다이어리를 사용했다면 그 다이어리는 영영 못 쓰게 되고 말았겠죠. 하지만 다이어리를 찢는 행동은 좋지 않아요. 제가 이 버릇을 고친 건 다이어리를 쓰고 1~2년이 지난 다음이에요. 일 년 동안 꾸준히 다이어리를 쓰다보니 '조금 안 예쁘게 꾸며지면 어때?'라는 생각이 들더라구요. 마음에 안 들게 되었더라도 '다음에 더 잘 꾸미면 되지'라고 생각하며 계속 쓰다보니 점점 다이어리가 꽉 차게 되었어요!! 그 후론 다이어리를 찢기보단 '앞으로 좀더 신경 써서 꾸미면 괜찮을 거야' 하고 넘어간답니다. ^^

7. 스티커를 프린트하는 종이가 따로 있나요?

정말 많은 질문을 받은 부분이에요! 수제스티커는 일반 A4용지에 프린트하셔도 상관없어요. 하지만 스티커 만드는 종이가 따로 있긴 하답니다. 바로 '라벨지'라는 종이인데, 뒷부분이 접착식으로 되어 있어서 일반 프린트를 하는 것처럼 프린트하면 바로

수제스티커로 사용할 수 있어요. 참 편리하죠? ㅎㅎ

라벨지 종류에 대해서도 궁금해 하시는데, 개인적으로 생각할 때 별로 차이가 없는 것 같아요! 파는 곳은 알파문구나 교보문보장 같은 대형문구점에 가면 다양하고, 기본 스타일은 일반 문구점에서도 판답니다. 가격은 20장에 4000원 정도 합니다.

8. 수제스티커 컬러링은 어떻게 하세요?

헤수니는 다양한 방법으로 채색을 하고 있어요. 그중 두 가지 방법을 가장 많이 사용하는데, 첫 번째는 포토샵과 일러스트를 이용하는 방법이고, 두 번째는 마카를 이용하는 방법이에요. 두 가지 모두 서로 다른 매력이 있는 것 같아요. ^^

9. 헤수니님 블로그를 보니까 다양한 다이어리를 사용하던데, 일년에 총 몇 권을 사용하시나요?

블로그에서는 다이어리 샘플링 작업을 하기 때문에 많은 다이어리를 보여드리고 있어요. 제가 실제로 쓰는 다이어리는 총 3개랍니다. 블로그에서 주로 보여드리는 심플 다이어리, 그리고 가끔 보여드리는 일러스트 다이어리, 마지막으로 헤수니의 스케줄을 모두 관리하고 있는 스케줄러까지 총 3개예요. 스케줄러는 꾸미기 용도가 아니라 그냥 쭉쭉- 글씨를 써내려가고 낙서하는 용도예요.

10. 다이어리를 써야 하는데 재료를 사기엔 비싸고, 너무 막막해요

다이어리를 잘 꾸미기 위해서 많은 재료를 갖고 있을 필요는 없어요. 저도 처음에는 볼펜 하나로 다꾸를 시작했답니다. 지금도 많은 다꾸 재료를 갖고 있지는 않아요. 쌓아놓고 살고 싶지만 성격상 하나 다 쓰면 새로운 걸 사기 때문에……. ^^ 지금 주위에 있는 볼펜 하나, 색연필 하나로도 다이어리를 예쁘게 꾸밀 수 있어요! 자, 이제 헤수니 다꾸 책을 옆에 두고 하나하나 시작해보세요.^^ 빨리빨리, 누구보다 잘 하겠다고 욕심부리기보다는 천천히 그리고 즐기면서 다이어리를 꾸며보세요!

헤수니를 아끼고 사랑해주시는 분들
모두모두 너무 감사드려요.
「캐릭캐릭 헤수니 다꾸」도 많이 응원하고 격려해주세요!
감사합니다~~

내 손으로 직접 만드는
예쁜 선물

세상에 하나뿐인 예쁜 선물, 내 손으로 직접 만들어 보세요!
사랑과 정성은 물론, 소중한 마음까지 전해집니다.

종이 한 장의 마술! 천원으로 만드는 10만원의 가치

기본기부터 솜씨를 업그레이드할 수 있는 응용 테크닉까지
완벽하게 섭렵할 수 있는 예쁜 소품 만들기의 바이블!
펀치아트, 스탬프아트, 종이감기까지, 종이로 만들 수 있는 모든 핸드메이드 테크닉과
바리에이션을 한 권으로 끝낼 수 있는 실속 빵빵한 지침서랍니다.

네이버 카페 35만 회원과 함께하는
원우맘의 예쁜소품만들기 대작전!

내 방 분위기 확 바꾸어 봐!

"리폼은 패션!"이라고 목소리를 높이며 온라인 D.I.Y 시장을 사로잡은 루시아즈 배재경! 작은 소품에서 집안 인테리어까지, 생활 구석구석을 리뉴얼해드립니다. 거실과 주방, 발코니, 침실에서 아이방까지 알뜰하고 예쁘게 꾸미는 안목을 기를 수 있는 루시아즈의 리얼 리폼. 누구나 손쉽게 따라 할 수 있도록 가장 단순한 재료와 가장 손쉬운 방법을 제시하는 루시아즈만의 안목과 알뜰함을 함께 배우세요.

루시아즈의 리얼리폼 배재경 지음 | 283page | 4×6배판 | 올컬러 | 값 17,800원

뚝딱뚝딱, 조물락조물락, 신나는 공작시간!
자르고 붙이고 색칠하는 동안
감성 퐁퐁, 창의력 쑥쑥!

원우맘의 놀이공작교실에서 쉽고 재미있게 배우세요

- 상상력에 날개를 달아주는 아이방 꾸미기
- 대인관계 틀을 잡아주는 생일파티 준비하기
- 컬러감각을 키워주는 패션소품 만들기
- 감성지수 높여주는 크리스마스 즐기기
- 창의력을 키우는 상자, 벽장식 만들기
- 경제감각을 가르쳐주는 생활소품 만들기

서울대 문용린 교수가 추천한 바로 그 책!

만들기는 감성과 오감 발달을 자극하기 때문에 창의적 아이디어 발산과 성취감을 쌓기 위한 최고의 경험입니다. 가족과 함께, 또는 혼자서 취미로 즐길 수 있는 생산적인 놀이로, 만들기를 하는 동안 자연스럽게 정서적으로 순화되는 것을 경험할 수 있습니다.

오계화 지음 | 237page | 4×6배판 | 올컬러 | 값 18,500원

ㅎ 제게 귀뜸좀 해주시죠..ㅎㅎㅎ 아잉... 너무 행복하네요.. 이런날이.. 꼭사봐야할듯하네요..ㅎㅎㅎ **지니** 헤수니님 정말 축하드립니다. 헤수니님은 정말 다꾸관련의 팁을 남겨주셔서 정말 알뜰한 분이세요!!!>< **딸기쿠키** 정말요~? 깜짝 놀랐어요 ㅎㅎ +축하 메세지: 언제나 헤수니님의 다이어리 꾸미기 방법이 정말 유익하다고 생각했었는데,드디어 책으로 나오게 되었군요! 다이어리꾸미기 초보자분들께도 정말 도움이 많이 될 것 같아요~ 정말 축하드려요! **지유니** 헤수니님~정말 축하드려요!!!!! 빨리 보고 싶어지네요~ㅎㅎ **겨울이** 블로그를 통해서도 다이어리 꾸미기에 대한 방법을 많이 접할 수 있었는데, 책으로도 접하게 된다니 생각만해도 두근두근 하네요 ㅎㅎㅎ 축하드려요 앞으로 더 많은 분들이 헤수니님을 알고, 다이어리 꾸미기를 접하길 바래요 ㅎㅎ **꼬맹이** 추카드려요> _<꼭살게요히히♥ **키티홀릭** 헤수니 언니 축하드려요~꼭 꼭 꼭 살게요!!! 댓글에 책에 실린다면 더더욱 기분좋을것 같아요! -헤수니 팬 키티홀릭 (이은수) **체리정** 헤수니님의 책 출판을 완전 축하드려요~ 대박나실꺼에옷ㅋ **dae051116** 정말축하드립니다 제가그책1등으로사지않을수도있지만 그래도꼭살께요무 **용화바라기** 너무너무너무너무너무 축하드려염~ 저는 사고 싶지만... 죄송요.. 제가 무푼이걸랑요~ **VIP** 헤수니가 없었다면 저의 다이어리는 없었을것 같다는.. 헤수니씨 고마버요ㅎ♡ **강승윤** 신드롬 우와! 정말 축하드려요 ㅎㅎ 나오자마자 바로 살게요 ㅎㅎ 그리고 리뷰! 꼭 올려드리죵!!>< **원이** 축하드려옷~ 이제 다꾸에 눈이 뜨였는데!! 많은 도움이 될것 같아요~서점에서 꼭 구입할께요 2권도 대박나시길!!! 헤수니님 화이팅!♡ **cookie** ㅎㅎㅎ 콩그레이츄레이숀~~~~ 축하합니다~ **꽃바라미** 항상열심히 하시는 헤수니님! 잘되실줄 알았어요 ㅎㅎ 대박나세요~♡ **수야** 헤수니님 블로그에서 도움많이 받았었는데 이렇게 책으로 출판된다니! 축하드려요ㅎㅎ **스폰지밥** 와ㅆ드디어 더 많은 사람들이 헤수니님을 볼수 있겠네요 ㅎㅎ 축하드려요!!책 꼭사야쟈~히히 **Cantabille** 오오오오 웬만한 다꾸책 잘안사는데 헤수니 다꾸책은 꼭! 사야겠어용 >< 다꾸인들의 필독서!!!! **히웃쑤** 첫 다꾸책 출판 축하드려요~ 목표를 향해 끊임없이 달려가는 헤수니님, 닮고싶어요! 몰래 준비한 책인만큼 유용하고 좋은 팁 많이 실렸겠죠?! 기대되네요 다시 한번 축하드립니다..^^ _쑤우 **다밀라** 축하드립니다 **아이스크림** 헤수니가 진리에요~ 아자아자~화이팅! 아~ 빨리 사고싶어 **cocony** 헤수니님 너무 축하드려요♥ 두번째 책은 언제쯤..?ㅋ **테디베어** 헤수니님의 다꾸팁을 모든 다꾸인이 알게될것같아 기쁘고 축하드려요! **푸르메** 헤수니님 너무 축하드려요~ 저도 다꾸를 좋아해서 배우고싶었는데 저에게 유용한책이 되겠네요~ㅋㅋ **하이** ♡출판 축하드려요 얼른 책나와서 사고싶네여ㅆ **ANNE** 진심으로 축하드려요ㅆ 다꾸팁책이 나오면 얼렁 사가고 와야겠어요ㅆ **초록잎새** 정말요?! 빨리 보고 싶네요 2주뒤가 너무 길게만 느껴 지네요ㅎㅎ **kiss0610kr** 우와~~와나니야님에이어서 헤수수님까지!!!!다이어리꾸미기책을내다니 진짜완전조은데요 저...저는아직 초딩이라서용돈을적게받거든요 그러니깐...가격을쫌싸게해주세요ㅠㅡㅡ제발요.. **뚜네** ♡왕왕따봉축하드려요♡ 서점가서꼭사야겠어요 **갈색 냥이** 축하해요~ 헤수니님 더욱더 파이팅! **희뚜** 너무 축하드리구요. 2주일쯤 뒤면 난날수있으니까 제가 꼭사서 유용하게 쓸께요 헤수니 언니 핫팅!!!! **노아** 드디어 나와요!! 왜 안나오나 했어요 ㅎㅎ 출판되면 살꺼에요 ㅎㅎ 기대되요 **행복o3o** 진심으로 축하드립니다~'미'!! 드디어 다이어리 꾸미기의 책이 나오신다고 하시나~기회가 된다면 꼭 사서 보겠습니다ㅆ 그나저나 2011년은 다이어리꾸미는것을 해보고 싶었는데 헤수니님의 다이어리꾸미기 책을 보고 잘 꾸밀수 있을것 같아요~ **난매여** 우와!!드디어 책을 내셨군요!!정말 축하드려요~! 제가 헤수니님의 다꾸책을 본다면 꼭 사서 저의 미국에서의2011년 다이어리를 이쁘게 꾸밀거예요:) 헤수니님의 다꾸 책이 나왔으니 저의 소중한 추억을 잘 꾸밀 수 있겠네요♥ 솔직히 컴퓨터로 헤수니님의 다이어리 꾸미는 방법을 다이어리 쓸 때 마다 모두 보기가 어려웠거든요ㅆ 이제는 그 다꾸책을 이용해야겠어용~!!! 책을 내주셔서 감사합니다!!! **바비 Barbie** 축하드려요~ 2주후면 만날수 있네요. 파이팅~~ **폴유** 헤수니님, 다이어리 꾸미기 책 출판 기념 진심으로 축하드립니다! 항상 만들었으면. 하는 바램이 있었는데 드디어 이루시는군요 ^_^ 꼭 구입해 활용하겠습니다. 다시한번 축하드려요 ㅎㅎ **JAY** 정말축하드려요~ 헤수니님 다꾸책!너무 기대되요ㅆ **엘히연** 헤수니님만의 다이어리꾸미기방법을 가득담은 멋진책 기대할게요:) **오 렌지** 책 출판기념 메시지 -헤수니님은 언제나 저의 다이어리에 방문하셨다 가셨어요. 그만큼 제가 헤수니님의 다꾸법을 많이 따라했었고, 수제스티커, 편지지 등 많은 걸 이용할 수 있게 만들어 주셔서도 감사했었어요. 그런데 책을 출판하신다니 정말 축하받아 마땅한 일이군요ㅆ 언제나 보이지 않는 곳에 있는 저를 도와주셔서 감사합니다~ **아카시아** 헤수니의 그림은 굿이죠~! 역시 헤수니는 짱이에요 >_< 그리고 출판되면 꼭살게요 ㅎ 축카해요 ㅋ **LV** 베리베리축하합니당~부러워용 저도 헤수님처럼 책도 낼꺼에염!헤수니핫팅ㅎㅎ **퐁수냐** 헤수니님이 다꾸책을 출판하셨다니 정말 축하드려요! 책을 통하여 헤수니님의 다꾸팁을 배운다니 뭔가 새로워요:) 아무튼 축하드립니다ㅆ **리베아스** 헤수니님의 팁을 이렇게 책으로 만나 볼 수 있어서 너무 좋은 기회인 것 같네요~ 정말 축하드려요~!ㅆㅆ **하율** 헤수니의 다꾸책 보면 볼수록 뿌듯한 다이어리를 쉽고 재미있게 꾸밀수 있는 좋은 가이드 책이 될꺼에요! 축하드려요!! **규리니** 정말 축하드려요(>ㅂ<)!!!!! 역시 헤수니 언니!(친근감 있게 ~) 너무너무 축하드려요(○ㅅ○) 출판되면 바로 서점으로 가서 구입할게요~~~~~~~ **11** 축하드려요 ㅆ 헤수니님의 다꾸책기대할게요♡ **Cally** 드디어 책이 출판되서 정말 축하드려요:) 책 나오면 바로 서점가서 살꺼랍니다ㅆ 지금도 빨리 사고싶은 느낌 **설아** 헤수니님 축하드려요:D 저도 사서 꼭 한번 봐야겠네요.^^ **토토냔** 정말정말축하드려요>_< 히히, 빨리 용돈 털어서 사야겠네요♡ **슈퍼스타걸** 정말 축하드려요~♥ 헤수님의 다꾸책이 나온다니 꿈에도 생각못했던 일인데... 꼭 사고 말겠어요ㅎㅎ **클리에츠** 헤수니님 블로그를 매일 구독을 했는데 책이 나와서 축하드리고요ㅆ저 클리에츠도 헤수니님의 좋은 다꾸지식 많이 얻어가도록하겠습니당:) 헤수니님 블로그만 보다가 책으로 나오게 되어 축하드려요~저 클리에츠도 많은 다꾸지식 얻어갈게요:) **핑크아쿠아** 완전 축하드려요!! 꼭 사서 볼게요! 급 기분이 좋아요 히히 **딸기시럽** ♥정말로 축하 드려요 ㅎㅎ 생각만해도 좋은데요? 항상 감사해요 *ㅆ*♥ **Teddy bear** 언제나 예쁘고 귀여운 캐릭터로 가득찬 블로그!! 다이어리관련 책까지 내신다니 정말 축하드려요~ 책으로 나온다면 블로그에서는 찾기가 힘들었던 그림도 찾기쉽겠어요ㅆ **유니콘콘** 추카추카카~ 나오면 서점으로 고고씽!! **달토냥** 언제나오나했는데 드디어 나오네요~ㅁ<기대되요ㅎㅎ 꼭!!살게요:-D **아이 훈훈해** ㅁ= 책 출판 무사히 마치시구요 블로그에 있는것만 하지말구 숨겨놓았던 다꾸팁을 마구!!알려주세요 헤헤~ **쥬진** 헤수니언니에 다꾸책이 드디어 나오는건가요? 이책읽고 다꾸공부 많이할께요~ 계속 기다려지는 다꾸책 **Bonnie** 반갑고 기대되는 소식이네요:)♡ 오프라인으로 헤수니님의 무언가를 만나는 뜻깊은 첫기회ㅆ 축하드립니다!ㅎㅎ **이도댕** 헤수니님의 블로그에서 많은 것들을 보고 가는데 드디어 그 아이들을 한 손안에 넣을 수 있는 책이 나오는군요. 기대됩니다. 열심히 기다리고 꼭 하나 겟 할게용 ㅎㅎ **꾸자** 다꾸책까지!! 살거에요!!!!친구들은 왜 다이어리를 사냐...ㅎㅎ 정말 추카해요!!!ㅋㅋ **나영Ah** 헤수니님 블로그에서 다꾸하는법 많이 배워가는데 책까지 출판하신다니! 꼭 사야죠 ㅆ 정말 실력있으신 분이란걸 이번에 한번더 알게 되었네요!^_^ **메메롱** 우와 정말 축하드려요 전 이제 고등학생이 되는데 다이어리나 스

케줄러를 잘 못쓰거든요 그래서 헤수니님 업뎃하면 꼭꼭 챙겨봐요^^다이어리정보도 정말 좋구요 소개해주시는 팬시 물품들도 너무 좋아서 꼭 사고 싶어진다니까요~제 친구중에도 장래희망이 웹디자이너인 아이가 있거든요. 그 애 한테도 헤수니님 알려드렸어요ㅋㅋ 좋은 정보 항상 감사드리구요 책 대박나세요!! **버섯소녀** 정말로 축하드려요~ㅎ 제가 다꾸책을 이 지역에서 발견한다면 살게요^^ **아빛** 헤수니님 출판하신거 축하드려요! 저에게 도움이 많이 될것같아요~ 인터넷에서만 보다가 책으로 항상 볼 수있다는 생각 하니까 기대되는데요! 한번 더 축하드리고 꼭 살게요♥~ **나나** 드디어 나오는군요 ><헤수니님 덕분에 다이어리에 대해 많이 알고있었는데 더 많은 사람이 알게 될 걸 생각하니 기분이 좋아요 ^^ **김여신** 그동안 헤수니님 블로그에서 다꾸방법 많이 배웠는데 출판되면 꼭 사야겠어요ㅎㅎ ♡정말 축하드려요♡ **Who are you** 꼭 용돈을 그때까지 모으겠습니다~!! 그리고 꼭 사버리겠씁니다~!! ㅋㅋ **초코쌍이** 우왕~ 축하드려옷~ 꼭 살게요~ **너구리닌텐도** 와!! 벌써부터 기대되요ㅜㅜ 출간되면 바로 구매하러가겠어요! **소유** 축하드려요~ 이혜수니블로그덕분에많은것을배웠어요!! 저 이책읽진않았지만강추웃!헤수니언냐는좋은다꾸많이갈려드려요 헤수니님진심으로축하드려요~~이책꼭구매하리랏!! **현쭝** 우와 정말 축하드려요:D 제가 유난히 좋아하던 헤수니님께서 출판하시는 책이니! 나오자마자 서점으로 달려가야겠어요 ~♥♥ **잡소리** 어무이한테사 달라고졸라야겠어요ㅎㅎ 항상블로그로만다꾸하는법을봤는데책으로나왔다니깐좋아요~-**잡소라** 미치게하다 정말 축하드려요!! 헤수니님 블로그에서만 다꾸배우다가,,책에서 본다니 새로운데요??ㅎㅎ 기대되네요^^꼭 사야겠어요~ **드림** 우왕~헤수니님!!정말정말축하드려요 ^ㅁ^ 항상응원할게요~ **꿀꿀** 헤수니님의 다꾸비법을 책으로 접하게 된다니 설렌.. 역시 다꾸는 헤수니님이지♡ 축하드려요♡ **팩쩨ㄱ** 우와 언젠가 나올줄 알았는데 드디어 나오는 거군요^^* 축하드립니다!!책 나오면 나오는대로 꼭 살게요ㅎㅎ~ 다시한번 축하드립니다!! **승혀니** 정말정말 추카드려요♥ 꼭 사도록 할게요ㅐ~!! **삐에로** 그동안 못봤던건 많아서 그걸 언제 다 보나 했는데 책 사서 보면 되겠네요^^ 다이어리 꾸밀때도 책 보고 꾸밀수 있고, 어디든 가지고 다니면서 볼수 있어서 기쁩니다. 축하드립니다. 헤수니님^^ **니으** 축하합니나^^ 혜수니님블로그에서 매일 수제 스티커랑 다꾸방법들을 많이 터득했는데^^ 책이 출판되니 제가 괜히 떨리네요^^ 꼭 사서 볼게요^^ **쥬니** 헤수니님 축하드려요!>~ 돈 모아서 살게요!! [축하메시지] 헤수니님의 다꾸는 나를 그리고 모든 사람을 돋보이게 해준다. 시리즈가 나올때까지 화이팅!^^ **류쟌** 다이어리꾸밀때항상헤수니님블로그에그랬다갔다했는데책출판되면바로사야겠네염♥축하드려요♥ **cookie** 열심히 하세요^^ **S.C** 축하드려요!!! 꼭 사러갈께요~ 기대대네요 ~♥ **지니** 책너무기대되요 항상헤수니님먼저일러스트쪽에서좋아했는데. 책을안내셔서ㅜㅜ나중에싸인도해주실거죠?ㅎㅎ 종이와펜한자루만있으면 무엇이든여러색깔로그려내는그녀의그림으로빠져들것이다 꼭써주세요 ㅎㅎㅎ **류 가빈** 학교끝나자마자 서점으로 뛰어가야겠어요~ 정말 축하드립니다!! 저도 책을 읽을 생각을 하니까 벌써부터 설레네요! **효양** 나도사야자~기대할게요. **레미안** 언제나 좋은 정보 주시는 헤수니님:) 꼭 사고 싶네요 다른 분은 몰라도 헤수니님이라면 믿을 수 있어요 **달려라썬아** 헤수니님의 다꾸책 출판을 축하드려요~ 실사활적이면서도 예쁜 노하우가 들어있을 헤수니님만의 다꾸책이 너무 기대되는데요^^* 많은사랑받기를 응원할게요^^ **여우별** 귀엽고 독특한 케릭터로 제 마음을 사로잡았던 헤수니님의 케릭터!! 다꾸도 너무 잘하셔서 제가 매일 블로그에 글올린거 없나 둘러보게되는 헤수니님의 블로그~ 이번에 다꾸책나오면 제가 일등으로 사드릴께요ㅎㅎㅎ 헤수니님 화이팅♥ **라니비꿍** 와~축하드려요~ 헤수니님 존경했었는데~ 부러워요~ **0하류0** 진심으로 축하드려요~!!앞으로도 더많은 다꾸 팁 알려주세요~♡ 그 책.. 제가 다른 님들보다 더빨리 사겠소이다 후후 힘내세요!!♥ **세아** 빨리 사고싶어요->< 정말 축하드려요^^ **냥이** 정말정말 축하드려요~ 다꾸에 대한 책을 수집 해봐야 하나?? 출판 되면 꼭 사야 될듯??ㅎㅎ **Chic가람** 헤수니님이 다이어리 꾸미기 책을 출판하시면 더욱 많은 분들께서 헤수니님의 다꾸법을 배우게 될 것 같고, 앞으로도 예쁜 다꾸방법 알려주세요 ̆ 정말 축하드립니다♥ **파닥** 오랫동안 지켜본 분이었는데, 이렇게 발전하는 모습 보여주시니 정말 멋있네요:) 앞으로도 더 발전하는 모습 보여주세요~ 홧팅! **셔밍** 책출판하신거 축하드려요♥ 평소에 자주 들러서 보고 있었는데 책으로 만날수 있다니 기분좋은데요 헤헤 출판하신거 꼭 사고 싶어요 -♡ **유지니** 오프라인에서도 볼수있는 헤수니님의 다이어리 팁♡ 도움이 많이될것같구요, 너무 기대되요ㅎㅎ 축하드려용~ (꼭 사서 봐야지!!) **코니** 너무너무 축하드려요(: 아기자기 예쁜 다이어리 꾸미기를 책으로 만나볼 수 있다니 두근두근♥ **효지니** 베스트셀러 예약인가요-) **옐로우 바닐라** 축하드려요~~ 꼭 사야할꺼같아요ㅎㅎ 응 **메리** 2주빨리지났으면좋겠네요!서점에나오면 바로구매하러갈꺼에요 ㅎㅎㅎㅎㅎㅎmmmg다이어리도 구입했으니깐요 헤수니님 실력을 책으로도 보게되다니 ㅎㅎ축하드려요! **비린탱이** 헤수니님이 작가가 되신것에대해서 축하드립니다~ 그리고 앞으로 헤수니님의 포스팅 많은 기대할게요^^ 꼭 사야죠~ **오뚜기** 우와~ 드디어 책을 출판하시는군요~ 꼭 사서 봐야겠어요~!! **삐약이** ☆역시 헤수니님은 짱☆ 출판되는 즉시 제 용돈 털어서 살게요♡ 정말정말 축하드립니다 **소소** 축하드려요~ 한번 꼭 구입했으면 좋겠어요~ **헤수니매니저** 헤수니님 오랜 기간동안 공들여 작업하신 다꾸책이 출판을 앞두게 되어 정말 축하드려요^^ 언제나 변함없이 블로그를 운영하면서 한결같이 유익한 포스팅을 하시고, 책까지 내시게 되었다니... 팬으로써 정말 뿌듯합니다. ^^ 당신곁에서 늘 힘이되고 싶어요♥ **라미** 이거 있으면 다꾸하기 쉬울꺼 가타요>< 꼭 구매해야겠어요♥ **말똥뿡** 헤수니 님의다리어리 꾸미기를책한권에서 다볼수있다니까 기분이좋네요♥ 축하드려요 **코리락쿠마** 와우~ 이럴 수가!! 제가 며칠 전, 다른 블로거에서 나온 다이어리 꾸미기 책을 보다가 '헤수니 블로그에도 다이어리 꾸미기 책이나왔으면..'이라고 생각하고 댓글 남기려고 했는데.. 출판하셨네요~ 암튼 추카 드려요~ 수고 하셨습니다~ 용돈 모아 꼭 살께요~ **비니** 역시 헤수니남~ 항상 좋은 다꾸 팁 올려주시고 사적으로 여겨질 수도 있을 다이어리 내부까지 공유해 주신~ 히힛- 정말 제가 언젠가는 이런 날 올줄 알았습니다ㅋㅋ 꼭 살꺼에요~ **이미농과도토리** 정말정말 축하드리구요~♥ 항상 좋은다꾸팁 알려주셔서 감사합니다:) **penbit** 2주뒤요?? 이번주와 다음주는 시간이 2년처럼 길게 느껴질것 같아요! **꼬마마녀** 축하드려요!! 책 꼭 사서 볼께요^^ **옥토끼** 헤수니언니의 꿈이 하나하나 이뤄지고 있군요^^ 다꾸책 출판 정말 축하드려요! 앞으로도 이런 책들이나 팬시용품 기대하겠습니다~^^ **Rose** 기대되네요^^정말 축하드려요 ㅎㅎ **도라** 축하드려요~ 꿈을 향해 하나씩 이루어 나가시네요!! 혜수니님덕분에 다이어리를 꾸미고 싶은 재미를 알게되었습니다 **b2st holic** 추카합니다!!!ㅎㅎ **마수리** 헤수니님 축하해요 !!! **빙그레** 항상 많은 다꾸 팁을 알려주시는 헤수니님! 이번에 다꾸책 출판을 정말 축하드립니다!!^^ **보람** 헤수니님!!정말 다이어리 꾸미는거 기본받고 싶었는데>< 축하드려요♥ **수지니** 블로그로 들려서 보던 헤수니님의 다꾸팁을 이렇게 책으로 볼수있게 되어서 너무 기쁘네요♥ 축하드립니다.! **By린쿠** 우와~! 너무 축하드려요 헤수니님의 꿈이 이루어졌네요.ㅎㅎ **김키티** 축하드려요!!제가처음다이어리를꾸밀때 이블로그에와서무지도움이됐어요 덕분에공테카라는카페에가입하구 좋은분들도만나구좋은정보들도듣고 이제는책가지나왔네요!!축하드려여 빠알리나왔으면좋겠어요!!ㅎㅎ **0o곰탱이맘마o0** 축하드

려요.ᄊ 헤수니님의 다꾸책이라.. 정말 기대되네요. 꼭 필요한것들만 쏙쏙 들어있을꺼같은.. 썩쏘야 응헉!우웅 정말요? 너무축하 드려요 ᄊㅎㅎ 꼭 살께요☆ 아기둘리 다꾸의 달인 헤수니님! 드디어 책 출판까지ㄷㄷ역시 진정한 달인은 달라요>_<б 헤수니 칙오칙오ㅎㅎ 엄마몰래라도 사서 꼭!!읽어볼게요!! 아잇쵸 헤수니님의다꾸책한마디로그냥짱!! 수히 오오드뎌나오는건가요?ㅠ0ㅠ축하드려요:ㅇ 전헤수니님의 다꾸책꼭살꺼에요!팁을 많이많이 알려주셔야해요♡ 예나 가격은 얼마정도 할까요?!? 5권 사서 친구들 클쓰마스 선물로+_+!!!!!!!!!!! 암튼 정말정말정말정말정말정말정말정말정말정말정말정말 축하해요!!!!!!! 지금부터 돈 모아야 겠어요!! 가격이 얼마죠!? +_+ 카푸치노 그토록 바라왔던 헤수니님의 다꾸책 출판 정말 축하드려요! 다꾸책 출판은 헤수니님의 꿈에 한발짝 더 다가가는 중요한 계기가 될거라고 믿습니다. 책 출판하시면서 힘드셨을 텐데 항상 건강하시고 헤수니님 다꾸책 꼭 흥하길 빕니다! 코히 언제 '헤수니님의 다꾸책'이 나올까 기대하고 있었는데, 막상 나오니까 정말 놀랐어요!^^ 축하드립니다:-) 아이지 헤수니님~다꾸책출판 축하드려요~♥출판축하♥ 티코 추카드려요>ㅁ< 헤수니님다꾸책이 언제나오나싶었는데 드디어나오게되네요!정말축하해요~~ 꼭살게요~ 베니 ♥진심으로 축하드려요♥ 헤수니님이 저희들에게 가리쳐주신 다꾸법이 다른사람들에게도 전해지면 좋겠네요! 아르시 너무너무 축하드려요 헤수니님 출판된지 봐볼께요!! 열심히 노력하시는 헤수니님 드디어 해내셨네요 ㅎㅎ 딸기샤인 완전완전 축하드려요~ 맨날맨날 와서 보고보고 아- 나도 다이어리 예쁘게 꾸며야지 하면서도 미루게되고 꾸준히 쓰지도 못하고 다이어리만 잔뜩있고 이쁜거보면 또사고 싶고 ㅠㅠ 그런데 이거 보면서하면 잘할수 있을 것 같아요~ 정말 '헤수니님 출간 축하드리려요~ 꼬질하루 출판축하드려요언니ᄊ 출판되는날에바로사야겠어요! 좋은책을내주셔서정말 감사합니다~ 제가부족한다꾸팁을언니책을보고 열심히도전해봐야겠어요ᄊ다시한번축하드려요♡ 너의 꿈 우와...전 이때것 헤수니 님 책 안나오나~하고 생각했었는데..드디어 나왔네요..ㅎㅎ 엄마한테 크리스마스 선물로 사달라고 해야겠어요.ᄊ NeNeCa 와우~+_+ 정말 너무 너무 추카드려용 ㅎㅎ 항상 헤수니님 블로그 들르면서 이것저것 유용한 팁들 알아가곤 했었는데 다꾸 책으로 나온다니 정말 기대되요~ 출판 되면 꼭 하나 사구 싶네영 ㅎㅎ 민폐인간 우와~~안그래도 인터넷 찾아가며 팁을 얻어내는건 힘들죠. 정~말 사고싶어요ᄊᄊ축하드려요~ 까까 ★진심으로 축하합니다!★ 출판하자마자 바로 구입할게요~^_^ ONLYYOU 저도헤수니님의책이이출판되면좋겠다고생각했었는데너무축하드려요ᄊᄊ 아쿠아 책 내시는군효>< 카하하하하하 진짜 축하드려요,, 출판되면 꼭살께요ᄊ 도토루 책 내신거 축하드려요~ 저도 이책을 보고 연습하면 다이어리를 예쁘게 꾸밀 수 있겠죠??^^ 간지녀그리고얼짱녀 언니 참대단하다 ㅎㅎ 나 이책 꼭사서 읽을 거야 ㅎㅎ 동해로혁 책내신거축하드려요그동안게시글보고많이보고배웠는데이제오프라인으로도만날수있으니너무너무기뻐요 레빗 ♥헤수니님, 책 출판하신거 정말 축하드립니다.★ 저는..헤수님 광팬이라..아이템이건 모든건 다 갖고있거든요.. 헤수님의 아이템을 보면 뭔가 두근두근 거려요~ 그럼 다시한번 축하드리고요, 사랑합니다 헤수님~ 빵꾸똥꾸 헤수니언니 정말 축하드려요♡ 출판되면 엄마한테 졸라서라도 꼭 사고싶어요. 헤수니님 최고 다미 와- 헤수니언니다꾸책출판축하드려요~★ 이글쓰는데제글이실렷으면~하고무슨좋은말써드릴까고민고민!.!! 항상헤수니언니의다꾸비법보면서다이어리꾸몃는데>ㅇ< 드디어언니의비법이책으로출판되네lyo!!>ㅇ<꺄꺅 2주ㅠㅠ열심히기다릴께요! 웬지기다림을두근두근가슴뛰게만드는>ㅐ< 헤수니언니의꿈열심히이루시길바라면서!!응원할게요♪ 언니의다꾸책>ㅇ<♡♡응원합니다!! p.s 대박.기.원 헤수니언니를사.랑합니다♪다미가>ㅅ< 루비오 정말정말 축하드립니다->_< 존경하시는 헤수니님이 드디어 다꾸책을 내시다니!!꼭 사서 읽어보도록 하겠습니다^^ 좋은 다꾸팁 많이 알아서 제 다이어리를 더 풍성하게 채우고 싶네요!! 우미 완전 축하드려요~~~~ 꼭 살꺼에요!!!!기필코! 카페라떼 우왕~ 축하드려요~ 제가 책 출판되면 돈 털어서라도 꼭 사도록할께요!!!!ㅎㅎ 핫팅! 6913as 요즘시험기간이신데도 불구하고 열심히 다이어리를 쓰시는 헤수니님과 다이어리를 예쁘게쓰기위해 노력하시는 사람들모두 수고하시고 벌써 다꾸책을 출판하시다니ᄊᄊ참 축하드리네요 많이존경하고요 다꾸팁을 많이 알려주시는 헤수니님께 다시한번 감사의 말을전한답니다ᄊ 다소미 축하드려요>~<꼭꼭살께요!블로그보지않고편히다이어리꾸밀수있겠어요!감사해요♪ HAN 소아 축하드리구요, 출판되면 바로 달려가서 사야겠네요!!>_< 크림 드디어나오는건가요?ㅎㅎ 대박나시고요!서점에서봐요~ 근데난다이어리보다달력을주로이용해서어떻게야할지ㅠㅠ참..,, 헤수니블로그를보면서좋은정보도많이얻고갔는데 이번에 책으로 나온다니 정말 소장하고싶어지는군요ㅎㅎ! 한 다솜 다꾸의신헤수니님의 책이나오신다니>_<기대기대>..<제가설레는건뭐죠 ㅎㅎ2011년부턴 다이어리제대로꾸밀수있겠네요+_+헤수니님축하드립니다~ 미호 항상 좋은 다꾸팁을 가지고 오시는 헤수니언니! 아..이런거 책이라도 있었으면..하고 생각한 것이 정말 현실이 된 기분이네요. 헤수니 언니의 다이어리를 보고 있으면 입술에 미소가 걸려요. 책 내신거 진심으로 축하드리구요! 항상 즐거운 다이어리 쓰세요~! 할루전 ♡정말대박추키추카♡ 출판되고나서 저도 꼭 사서 읽을께용ᄊ 너무 다꾸팁을 마니마니 주시는듯 ㅋㅋㅋㅋ 쩬뜬 정말 진심으로 축하드려용 ♥ 세요니 축하 드립니다~ 눈물샘n 드디어노력의결실을맺는군요★축하드립니다:) Gyu Yeong ♥♥정말정말 축하드려요♥♥ 2주 전 까지 돈 열심히 모아서 꼭 서점가서 살께요ㅎㅎ 바나나친구별별이 헤수니의 그림체는 발랄하고 개성있으며 생기가 넘친다. 그런것들이 모아져서 하나의 책이된다니 얼마나 상콤하겠는가! 두섭두섭 드디어헤수님의꿈에한발짝다가서는건가요ᄊ 앞으로도이런여러가지기회로헤수님을자주접했으면좋겠네요*ᄊᄊ 헤수니님그럼화이팅하세용♡~ᄊ 마리쭈ㅋ 헤수니님 너무 축하드립니다~정말 기대돼요! 빨리 출판되길 기다릴게요♥ 다꾸책보면서 여러가지 유용한 팁들 많이 얻을수 있겠네요♥ 디녀 오오 역시 능력자~ 책~ 기대되ᄋ 정말정말 축하드려요~ 이쁜책이 될것같네요ᄊᄊ 에세란 축하드려요~! 내년부터 다꾸 시작하려고 했는데 아무것도 몰랐지만 헤수니 블로그에서 많은걸 배웠어요! 꼭 사도록 하겠습니다!! 꿈꾸는 하늘색 자전거 정말정말 축하드려요~ 책보고 다이어리를 예쁘게 꾸며봐야 겠어요ᄊᄊ 늘이 넘넘축하드려요~ᄊ늘은사고싶지만... 강헤수니블로그에서즐겨듣고행복하답니다!!!~ᄊ 쵸콜릿 헤수니님 축하드려요! 꼭 살께요ᄊ 완전 글김 잘그려요 마카롱 축하드려요>_< 요번에 꼭 사볼게요♥ 루이포드 다꾸책내신거 축하드려요 ♥꼭 사서 볼게요! 징이리 와- 정말 대단하세요! 책이 출판되신거 정말 진심으로 축하드리고요, 서점에가서 꼭한번 봐야겠어요:-D ll혈화ll 축하해요~나오면 꼭 보고싶네요^^ 팅커벨 우리모두를 위한 다꾸책! 강추합니당~다꾸계의대스타, 헤수니님을~ 두구두구~ 소개합니다!!!! 뿌우 헤수니님의 다꾸책! 기대되요~ 제이 헤수니님 덕분에다꾸팁을 많이 얻어가요ᄊᄊ 책 나오면 꼭 살꺼에요!!ᄊ 축하드려요~ 하하핫 우와우와우와 드디어 나오네요!!항상 책으로 나오면 좋겠다생각했는데ㅎㅎ축하드려요!! 홍쑤니 헤수니님축하드려요^^ 책꼭사러가야겠어요 울랄라 걸스 헤수니 언니의다꾸책 넘넘 축하 드려요~! 항상 자세하고 예쁘게 설명해준 헤수니 님 덕분에 제 다이어리는 평소보다 더욱더 예뻐진답니다~!! 미꼬 엄청 축하드려요 ~ 얼릉 가서 사야될 거 가토요 따녜 헤수니님, 정말로 축하드려요! 정말 대단하십니다~ 책까지 출판 되다니!!! 앞으로도 톡톡튀고 멋지고 귀여운 다꾸팁을해주

세요! 진심으로 축하드리고, 대단하시네요!! -언제나 헤수니님을 응원하는 따예 서뿅이 꺄악♥ 책출판까지♪ < 인터넷이 안되는 곳에서도 헤수니님의 다꾸팁을 보고 배울수있겠네요!! 빨리 출판됐으면 좋겠어요!! 이번 책에 이어! 2탄도....? 헤헤:) 미니 우왕♥ 헤수니님의 블로그에서 다꾸의 기초부터 다양하게 배우고 있는데 헤수니님의 다이어리 출판책이 나와서 넘 기뻐요> _< 조만간 나온다나~ 2011년 다이어리로 적당할듯? 너무 간지나고 예쁠거 같네요 축하드리고요 힘내세요~! 유 비화 축하드려요>< 요즘에 부쩍 다이어리 꾸미는것에 관심이 가고 있었는데. ㅎ. 설날에 세뱃돈 받아가지고 꼭 살께요! 꼬마철학자 헤수니 언니 축하드려요~^^ 언니의 다꾸팁이 언젠간 출판될줄 알았어용~!! ^^ 자칭여왕 헤수니님진짜너무축하드려요~^^ 얼른나온걸보고싶네요ㅜㅜ 기대되요 헤헷:) 따쥬 그동안 눈팅족이었는데ㅎㅎ;;축하드려요 Soul 헤수니님의 다꾸책이 나온다니 이것참 독흔독흔 거리는걸요?ㅋㅋ 꼭사도록해야겠어용! 꾸 이번에 다이어리하나 구입하려고 했는데 헤수니님의 다여리가 나오는군요^ 기대하겠습니다♥ 작은곰이 누구든지 다이어리에 대한 열정을 쉽게 불타오르게 만드시는 헤수니님 =^ _ ^D 책으로 나온다니 정말 반갑네요^^ 2011년 그리고 앞으로도 즐거운 하루하루가 될 것 같아요~ 나만의 다이어리를 위하여♥ Fighting~ 김진아 우와~ 축하드려요^^ 다꾸에 관한 많은 팁들 항상 감사드리구요!!ㅎㅎ 책 나오면 꼭 사서 볼게요~~!! 하늘소녀 정말축하드려요~ 지금부터 돈 모아서 2주후에 헤수니님의 다이어리꾸미기책 꼬옥~사서 볼께요~ 에몽 헤수니님^^ 다꾸책 출판을 정말정말 축하드립니다♥ 다꾸 처음 시작할때 정말 생각보다 어렵다고 느꼈었는데~ 헤수니님이 알려주시는 팁들 따라하면서 많이 배울 수 있겠군요+ _ + 붕자 이렇게 오프라인으로도 헤수님의 다꾸를 볼수있다니 영광입니다 ^^ 유빈 헤수니님 정말 축하드려요^^ 출판되면 꼭 서점에 들러서 사고 말겠어요. 책나오면 꼭 보겠습니다! 헤수니 파이팅! 개원승 블로그로만봤던건데 책으로나오니까너무신기하네요. 꼭사서볼게요! 보면서다꾸나편지 쓰는거, 엄청도움됫어요 ㅋ_ㅋ 연이 축하드려요♥꼭 사러갈게요 ^^ 사to the랑 하는 아빠 다꾸라는 개념을 처음 알려준 헤수니씨~ 감사하고 또 축하해요 뽈로라 헤수니님 너무 축하드려요!! 항상 좋은 다꾸팁과 소식들 알려주셔서 감사해요~ 출판하신 책도 헤수니님도 잘되었으면해요~^^ 춤추는토끼 헤수니님 다이어리 너무 예쁘게 보고있었는데 이렇게 책까지 출판하다니 정말 대단하세요♥ 평소에 존경하고 있던분이라 이런 좋은 소식을 듣게되니 정말 기쁘네요! 정말 축하드리고 블로그에서도, 책에서도 예쁜 다이어리 많이 보여주세요~ 보름달 정말좋은것같아요 저두 다꾸책을 꼭 구매할까요ㅎㅎㅎ 옥캣 수고하신만큼 좋은결과물일거라 믿어요~축하해용>.< 에스유 너무좋아요~~ 개인적으로 헤수니 언니 뺀인데~ 꼭 직접가서 사고싶어요~ 잇냥 정말 축하드립니다 헤수니님!! 다이어리꾸미기 팁을 많은 사람들이 알지못하고 블로그를 아는분들만 볼수 있었는데 이제는 모든 분들이 접할수 있는 기회가 된것같아요~ 빛이 꺄~!!저 진짜 꼭살게요!!헤수니님☆너무너무기대가 큽니다.ㅎㅎㅎ써/ 미례 헤수니님 정말 축하드려요♥ 책 기대할게요 ^^ SJ하진 헤수니님의 다꾸책출판을 축하드립니다♡ 많이 많이 팔려라 뿅 홍보 많이 많이 할게요 헤수니님 초코쿠키 헤수니님>< 축하드려요 항상 헤수니님 다꾸를 따라하곤 했는데.. 이렇게 책으로 출판이 되다니 꼭! 구입을 할거예요!! 화이팅~>< 뱅 꼭 사서 읽어볼게요 축하드려요^^ 섬군이진리 정말축하드려요! 다꾸에 소질이없었는데 이번에책보고다꾸의달인이되어볼게요~ 축하드려용 매직마녀 책 출판되신거 정말 축하드려요~ 마침 다꾸책이 필요했었는데 헤수니님이 출판하신것 사야겠어요~ 진기옹 축하드려요^^ 제가온뒤로 계속 좋은일만 있는것 같아요~ 앞으로도 잘팔리고,좋은일만 있길바래요♥ 헬키 ♥우앙헤수니님꺼다이어리책이라정말알찬내용이겟네용~ <꼭살께용!♥ 미키 ㅇ와정말훌륭하세요><ㅎㅎ책하시면 꼬옥살께용1! 마이롭 안녕하세용헤수니님♥저 이날만을 얼마나 기다렸는지 몰라요ㅋ나오자마자 사러가서 공부열씨미할게요!!축하드리고 감사해요 헤수니님! penbit 간지나용~ 역시 헤수니언니는 짱~! 비투더아투더뱅뱅 (될까모르겠네요^^ 너무늦었나?) 헤수니님 축하드려요!! 우와 다꾸책 대박기대할게요♥ 헤수니 파팍! 초코쿠키 축하해요~^^ 저도 한번 사서 꾸며봐야 겠네요~^^ 미치겠다 FT 우와~ 정말 축하드려요^^ 드디어 헤수니님이 책을 출판하게 되었군요!! 제가 예전부터 예상해 왔었답니다^^ 책 나오면 꼭 사러 가겠습니다~ 친절한 다은씨 우와~! 이제 책까지 내시다니 정말 대단하세요. 역시 저의 우상이십니다!! ㅎㅎ 정말 축하드려욤 앞으로도 다꾸팁 마니마니 알려주세욤~!><^^ 폴코 항상 헤수니언니의 다이어리 꾸미는 방법들을 읽고 저도 언니처럼 예쁘게 꾸미고 싶었는데 이제 책나오면 보고싶을 때마다 볼 수 있게 되었으니 넘 기뻐요~! 축하드려용~~!!! 하이얀갱이 다이어리 잘 못꾸미는터라 도움많이받고있는데 정말 축하드려요~~>ロ디안 헤수니님의 솜씨로 드디어 책출판을 하게되시네요 ! 정말축하드려요 ~^0^ 많은 사람들이 헤수니님 책을보고 좋은반응을 할것같아요 ! 레몬 책나오면 항상 블로그 오지않고도 헤수니 님의 기술을 보고놀랄수 있겠군용^^ 도도한 고양이 축하 합니다 ^_^ 출판되면 사겠습니다 ^_^ ♡ロ^ 0rhaenddl0 헤수니님~축하드려요♡꼭볼께요!!! 스텔라 우왓!헤수니님이 책을 내신다니!!! 2주뒤에 교보문고 고고싱~ㅋㅋ 완전 축하드려요~!!기대된다!! 초코민트 축하드려요~ 저두 빨리가서 사고 싶어요.~ 저에게 정말 필요한 책인데,, !! 코스모스 정말축하드려요♡ 항상 헤수니님다꾸하시는거보면 나두 저렇게 하고싶었는데직접적으로 배울기회가 없드라구요 ㅜㅜ 출판되면 꼭봐야지ㅎ 유1초키 헤수니치... ㅋㅋㅋㅋ ㅎ 행복지수 축하드려욤!잘보고있어요 꽃 삥꾸 축하드려요 헤수니님 출판되면 꼬옥 살께요~ 도요츠키 초요시 드디어 책이 나왔네요~ 축하드려요 나중에는 헤수니 다이어리도 나왔으면 좋겠어요! 초코머핀 헤수니님 정말 진심으로 축하드려요!>< 나오면 얼른얼른 사야겠어요~헤수니님 앞으로도 파이팅! 은선인장 축하해요!사고싶다!크리스마스선물로 때울까요?ㅋㅋ 쥐드렉 제가 헤수니님 블로그에 들어와서 여러가지 다꾸에관한 유용한 정보들을 많이 얻어갔었는데... 헤수니님 다꾸책 나온다니까 제가더 기쁘네요^^ 앞으로도 좋은 정보 부탁드릴게요!ㅎㅎ 책 꼭사고말꺼에요!!! ㅎㅎ 장미꽃소녀 헤수니님!축하드려요 >_< 출판되면 꼭 사야되겠어요 ^_^화여이 많은 사람들이 책을 읽엇으면 좋겠네요 나중에 꼭 성공하세요! 홍수니 드뎌 헤수니님의 다꾸책이 나온다닛!♥정말정말 축하드려요♥ 출판되면 꼭 살게요! 앞으로도 화이팅!~~~~~ 똥이 와!! 다꾸책이 출판된다니!!! 그거 보면 다이어리를 더 잘 꾸밀수 있을것 같아요!! 헤수니님 축하드려요~ 제가 사는 곳에도 팔면 좋겠네요^^ 서울에만 파는건 아닌지......;;ㅎㅎ 저도 그 책 사서 보면서 다이어리 꾸미면 헤수니님처럼 잘 꾸밀수 있겠죠?? 출판되면 사고싶네요.★ 사리꼴탕 와우! 헤수니님, 축하드려요!! 헤수니님이 다이어리를 꾸민걸 한눈에 볼 수있겠네요!! 팬 정말 축하들려요 ~ 꼭 살게요~ 냥냥 축하드려요~!!일른 가서 빨랑 사갖고 와야겠어요..헤수니님 정말 축하드립니다..!! 비익조 드디어 출판하시는군요+_+ 항상 헤수니님을 응원합니다! 세계최고디자이너가 되는 그날까지^^ 영이주의 헤헿 축하드려요♥ 언제나 열씸히 하는 헤수니 언니 글씨체 너무 부러워요 비결좀!! 어쨌든, 책 출판 축하드려요. 꼭 살거예요 ㅎㅎ 차수잔 헤수니님 다꾸책까지 출판하셨군요 ㅎㅎ 축하드려요 ♡항상 글 잘 보고 있습니다~ 언제 사서 읽어보고 싶네요 ^^ 앞으로도 좋은 글 많이 올려주세요~☆

Happy Birthday to you
하냥냥 하냥아냥
Nice to meet you
찰칵 찰칵
I like you
Let's go!
행복한 하루
예뻐지자
공주님
왕자님
달콤하게
오예
데이트
허억
have a good time
Let's go!
단지 성공한 사람이 아니라
가치있는 사람이 되기위해 노력하자
오늘 날씨맑음
좌절금지 엉엉엉
D-DAY
온통 너생각
사랑하는사람 과 함께
생일
원하는 건 다 이루어져라
기쁜 쵝오!
행복한 추억 하나하나
사랑합니다 인
하루종일 비가오네
중요한것은 꿈!
시크녀
얼마나빨리 가느냐가 아니다!
마지막에 어떤 꿈을 이룰수 있느냐다
매일매일 주르륵서
휴식이 필요해
나는 성공할거야
흥!
울쩍 울쩍

summer vacation | Dreams come true! | HAPPY DAY | Positive thinking | good luck | sweet 달콤한 오늘

달콤한케이크 먹고싶다 | 영화보는날 오예ㅋㅋ | 상상하는것 만큼어려워진다 | 바람을즐기며 드라이브! | 오늘부터 다이어트시작 | 울쩍 울쩍

나의로망- 분홍색자전거 | 말랑말랑 슈크림상태 | 하루종일 비가오네 | 다이어리 밀리지말자 | ㅋㅋㅋㅋ ㅋㅋㅋㅋ | 나는가수다 하는날:)

내가좋아하는 아이스아메리카노 | 칼퇴근 입니다 | 세상에서 제일 행복한날 | 택배 왔어요 | ARE YOU READY? | 열심히일하고 놀땐누구보다 행복하게 | 오늘도 헤수니블로그

>>나는할수있어 | 온통너생각 | 월급날ㅋㅋ | 괜히 기분넨치해져 | 이만쫑쫑 | 예뻐버지자 | 두근두근 두근x100

커피한잔과 달콤한케이크 | 맨날야근!! 으형형 | 카페에서 하루종일 시간보내기 | 오늘도 감사합니다 | 자극적이고 인공적인 그런것- | 짹깍 짹깍 | 즐거운주말!

내가바라는것 원하는것은- | 인터넷중독기 | 쇼핑하는날 | 달콤새콤 새콤달콤 | 분위기좋게 HAPPY | 열공합니다 | 허걱

TO DO LIST | SUNDAY | MONDAY | TUESDAY | WEDNESDAY | THURSDAY | FRIDAY

SATURDAY | 안전배송 해주세요 | 힘들어 ㅠㅅㅠ 엉엉엉 | 여행가는날 | 외롭구나 | 씩씩해질거야 | 기분 최오!

ㅋㅋㅋㅋ ㅋㅋㅋㅋ | 사랑하는사람 과함께? | 솔로입니다 | 바람이 스산하게 부는날 | 머리가 띵하다 흑흑- | 핑크색 | 흥! | DIARY

Let's GO! | 나는성공할거야 | 나만의작업실 꼭해낼거야 | 오예- 커피 | 새벽시간 아침형인간되기! | 캐릭캐릭 헤수니다꾸:)

커피와음악 그리고내가 좋아하는일- | 킹왕짱 | 오늘은그날:)? | 회식이다 | 하루하루 감사하면서 | 어차피 그럴거면서 .... | 커피와음악 그리고내가 좋아하는일-

엣지있게 | I LOVE YOU | ㅎㅎㅎㅎ ㅎㅎㅎㅎ | 하루종일도서관 오늘도화이팅! | 살아야지 장보는날 | TODAY.

Positive Thinking♡ | 허덜덜 | 그분이 오셨어요ㅋ | Nice to meet you | 하루종일알썼음... 나는야 샐러리맨 | 나를위해 | 사랑합니다 하트뿅뿅

집중! | 집에가는날 | 인터넷 쇼핑해뜸! | 까아악~ | 으샤 으샤 | 가슴이 콩닥거린다 | 여행 | 한가로운 오후시간B

월요일 | 화요일 | 수요일 | 목요일 | 금요일 | 토요일 | 일요일 | 주말 | 쉬는날 | 헤수니